ÉVADÉ

(DES HAUTS DE MEUSE EN MOLDAVIE)

COLLECTION DE MÉMOIRES, ÉTUDES ET DOCUMENTS
POUR SERVIR A
L'HISTOIRE DE LA GUERRE MONDIALE

SEPTIME GORCEIX

ÉVADÉ

(DES HAUTS DE MEUSE EN MOLDAVIE)

Avec 7 croquis

PAYOT, PARIS
106, BOULEVARD ST-GERMAIN

1930
Tous droits réservés.

A mon tout jeune fils Antoine-Léonard,

ces souvenirs d'une époque inhumaine.

AVANT-PROPOS

Cet ouvrage aurait pu paraître quelque temps après l'armistice; dès cette époque, rentré en possession de toutes mes notes, j'en avais rédigé la plus grande partie. Mais, comme beaucoup de combattants, un peu las d'une atmosphère inhumaine et, aussi, gêné de monter en scène pour narrer des aventures personnelles, je me laissai volontiers détourner par d'autres préoccupations. Pendant les années qui suivirent, l'attention du public ne se porta plus sur les livres de guerre. Pourtant l'expérience de ces générations de la grande guerre ne doit pas être perdue et leur témoignage a quelque valeur permanente.

Quand on raconte des événements vécus, il faut se méfier de la mémoire qui transforme les souvenirs et leur donne la tonalité sentimentale de l'heure de la rédaction. Cependant, il est humainement impossible de noter, sur le moment, les réactions les plus intimes, et c'est en revivant le passé qu'un écrivain peut reconstituer des états d'âme. Mais, pour recréer des sensations fugaces et réveiller d'anciennes émotions, il est indispensable de posséder des points de repère.

J'ai eu la chance, par des moyens fort divers, de conserver des notations sur ma captivité et, aussi, des carnets d'évasion où, quotidiennement, j'avais indiqué le détail de mes étapes. Poussé par le scrupule de ne pas romancer, ayant à suivre par la plume ce qui avait été action, je me suis, souvent, tenu en deça de la vérité par grand souci de ne jamais exagérer ou dramatiser.

Jusqu'ici, aucune guerre n'avait fourni le spectacle de centaines de milliers d'hommes, appartenant à toutes les classes de la société, réduits à un identique esclavage ou bien enfermés, comme du bétail, dans de vastes camps entourés de fils de fer barbelés.

Il est fort compréhensible que beaucoup de prisonniers de

guerre, au cours d'une si longue captivité, aient tenté de se libérer.

Certains prisonniers, astreints à un labeur trop pénible dans un bagne de travail, s'échappaient pour courir la chance d'être renvoyés, après la capture et une punition de cachot, dans un Kommando plus clément.

D'autres, lassés d'une attente interminable, se laissaient tenter par la rumeur de quelques réussites et, saisissant une occasion, plus ou moins propice, s'efforçaient de gagner la Hollande ou la Suisse.

Mais il y eut une catégorie de véritables Evadés. C'étaient des irréductibles que les événements fortuits de la guerre avaient livrés à l'ennemi. Animés d'un sentiment très haut de patriotisme, ils voulaient reprendre leur poste de combattants et, stimulés par un violent désir de liberté, ils supportaient mal la stagnation dans une existence monotone. D'ailleurs, pour ces êtres jeunes et sains, la perspective de dangers mystérieux était pleine d'attraits.

Sans doute, beaucoup ont vécu des péripéties dramatiques et curieuses. Certains sont morts, obscurément, au cours de leurs randonnées à travers des pays ennemis; les autres ont gardé le silence parce qu'ils n'étaient doués que pour l'action.

Ce récit se présente seulement comme l'honnête témoignage d'un évadé qui, plus heureux que beaucoup de ses frères d'armes, a eu la chance de réussir et l'avantage de raconter ses aventures.

Le Mont-sur-Vienne, 18 juillet 1930.

S. G.

SUR LES HAUTS DE MEUSE

Sur la colline gluante des Eparges, durant la semaine de Pâques 1915, nous ne sommes plus des soldats, mais de vivants blocs de boue.

Sans nourriture, armés de fusils dont le mécanisme souvent ne fonctionne pas, nous vivons des heures atroces, pendant que nos blessés agonisent sans secours, piétinés par leurs frères d'armes, happés par des trous visqueux qui les engloutissent lentement.

Attaques et contre-attaques, affolement des mitrailleuses et des fusils, remparts de sacs de terre et aussi de cadavres dont les entrailles volent par paquets dans les éclatements d'obus : ce n'est plus une bataille, mais une boucherie hideuse !

Au crépuscule, sous le ciel gris et froid, s'élève du charnier, où les vivants et les morts sont étroitement mêlés, un gémissement immense et lugubre.

A la relève, en désordre, les survivants qui peuvent se traîner rejoignent le cantonnement de Rupt-en-Woëwre, d'où nous sommes dirigés sur la grande ferme d'Amblonville.

Après deux ou trois journées, nous avons la force d'aller, en titubant, jusqu'au mince ruisseau qui court non loin des bâtiments, pour nous épouiller et racler la boue sanguinolente incrustée dans nos capotes et nos pantalons de velours.

Le 67e régiment d'infanterie aurait besoin d'être conduit quelque temps à l'arrière, mais hélas ! dans cette cruelle année 15, on ne se soucie pas encore d'une logique économie des troupes !

Les effectifs sont complétés par des « bleus » du dépôt de Dreux. Ces soldats, habillés de neuf, juvéniles, enthousiastes, viennent à nous avec un élan qui tombe vite devant notre muette indifférence, notre morne hébétude.

A mon abattement physique s'ajoute une angoisse morale : mon frère cadet, âgé de dix-neuf ans, comme moi caporal et à la même section, a brutalement disparu.

Un 105 avait frappé le pare-éclats derrière lequel il se trouvait. Moi-même, bousculé par le souffle de l'obus, quelques minutes étourdi, je m'étais précipité pour lui porter secours : des blessés, des morts, un tas de chair humaine, mais de mon frère aucune trace! J'étais demeuré encore trois jours et trois nuits sur la position.

A la ferme d'Amblonville, avec ténacité, j'interroge autour de moi : personne ne sait rien. Pourtant assis derrière une toile de tente, une nuit, j'entends un cuistot dire : « Il peut le chercher son frangin, je l'ai vu proprement bousillé sur la pente. »

Mais le 19 avril, au moment où nous recevons l'ordre de monter aux tranchées, le vaguemestre distribue des lettres : une pour moi. Ma mère m'écrit qu'elle vient de recevoir une carte annonçant que mon frère est à l'hôpital de Rodez : commotion par obus et pieds gelés. Elle ajoute avec une naïveté touchante : « Le pauvre enfant, probablement, n'a pas mis ses chaussettes de laine, comme je le lui avais recommandé? »

Cette nouvelle me pénètre d'une joie indicible, j'oublie toutes les fatigues et les misères récentes : le monde autour de moi reprend des formes et des couleurs.

En avant... Marche!

Le régiment, en colonne par quatre, dans une rumeur traversée de cliquetis métalliques, dans un piétinement de lourds brodequins, monte la route de Mouilly à Saint-

Rémy, pour occuper ses positions habituelles de la Grande Tranchée de Calonne.

Nous arrivons au carrefour que forment les routes de Mouilly à Saint-Rémy et d'Hattonchatel à Verdun. C'est dans un angle des deux routes, près d'une cabane de cantonnier, que se dissimulent dans les taillis épais les boyaux qui donnent accès à notre première ligne. Quoique les tranchées allemandes et françaises soient éloignées, par endroits, de moins de vingt mètres, le secteur a la réputation d'être de tout repos.

Comme je viens d'être nommé sergent, je conduis mes hommes de la 11e compagnie à l'emplacement où je me trouvais avant de partir à l'attaque des Eparges.

Un sergent du 54e R. I., avec lequel nous faisons brigade, me passe les consignes. Il regarde avec commisération ma capote déchirée, souillée, et me dit : « Ça a bardé là-haut. Vous avez dû avoir des pertes ? » Je fais un signe de tête affirmatif. — « Ici, pas un coup de fusil. Les Fritz ont dû déménager en douce. »

Je place les hommes aux créneaux, en indiquant aux « bleus » que la tranchée allemande est à une soixantaine de mètres. La nuit, nous exécutons quelques feux par salves. En face, silence complet.

Le lendemain, le ciel est bleu. Les arbres ont leur première feuillaison. Les oiseaux chantent.

Cependant, l'artillerie allemande se réveille et tire sur l'arrière où se dissimulent nos nombreux canons. Le nouveau capitaine, qui nous a rejoint aux Eparges, vient me serrer la main et me présente à un sergent-major en termes élogieux qui me gênent, petit panache des mots sur des atrocités trop récentes !

Il m'annonce que les nouvelles sont bonnes et que les Boches, obligés d'évacuer la boucle de Saint-Mihiel, veulent, sans doute, épuiser leurs munitions.

Durant la nuit, la canonnade s'apaise, mais elle reprend dès l'aube. Nos tranchées de réserve servent, maintenant, d'objectif, puis les obus tombent devant et derrière nous. On laisse seulement quelques veilleurs aux créneaux.

Avec le caporal de Rohden, je me tiens dans un abri rudimentaire dont le toit est formé de quelques branchages recouverts d'une mince couche de terre. Nous discutons sur les ouvrages de Nietzsche et les théories des philosophes allemands. Mon compagnon a des vues très précises et impressionnantes sur la puissance industrielle et militaire de l'Allemagne. De temps en temps, les obus secouent notre abri, un peu de terre dégringole dans la gamelle où nous faisons réchauffer du macaroni. Mais nous affectons de ne pas accorder la moindre attention à des contingences sur lesquelles nous ne pouvons rien.

Le caporal Veniker, si petit qu'il a l'air d'un gnome et peut courir dans les boyaux sans se baisser, vient somnoler dans un coin. Nous nous partageons la veille de nuit.

Notre troisième jour de tranchées est marqué par une plus grande intensité du bombardement. Nos créneaux sont arrachés ou bouchés, les parapets s'éboulent par endroits. Une interrogation revient sans cesse : « Que fait notre artillerie? Pourquoi garde-t-elle le silence? » Les uns répondent : « Les Boches veulent attaquer encore sur les Eparges. L'artillerie a l'ordre de ne pas bouger pour le moment. » D'autres, plus sceptiques : « La raison? Elle est simple, les artilleurs n'ont plus de munitions! »

Nous sommes presque complètement séparés de l'arrière. Les quelques cuistots qui parviennent jusqu'aux sections sous le bombardement ne sont pas plus renseignés que nous, mais par une tradition, déjà solidement établie, on leur prête les propos les plus fantaisistes.

J'apprends d'une manière assez précise qu'un obus a défoncé l'abri de notre capitaine et, peu de temps après, le caporal Veniker vient me demander des hommes pour essayer de sauver notre lieutenant enseveli. Notre 11e compagnie n'a plus d'officiers! Un agent de liaison me transmet l'ordre de conduire ma section dans les abris de réserve, situés à une centaine de mètres derrière la première ligne où nous sommes remplacés par une section de la 12ᵉ compagnie.

Nous profitons de l'obscurité pour nous défiler dans les boyaux éboulés. Je m'installe dans un abri, encore en bon état, avec le sergent Leport, de Rohden, un caporal et un soldat qui nous sert de « tampon ». Je commande à ce dernier d'aller voir si les cuistots ont pu monter, mais mon collègue prend la défense de l'homme qui hésite : « Tu veux faire bousiller quelqu'un pour du sale riz. Nous attendrons bien que la rafale soit passée. » Je ne réponds pas, prends un « bouteillon » et sors. Les obus tombent avec violence ; les éclats sifflent. Au moment où j'arrive à l'entrée d'un abri, je suis jeté par terre par le souffle d'un 150. Je fais remplir de riz le « bouteillon », de vin mon bidon et, rentré dans notre abri, je prends ma part dans ma gamelle, mange voracement et m'endors.

Je suis tiré de mon sommeil par un bruit de voix. Il fait déjà jour. Un agent de liaison nous hèle et crie qu'il porte un ordre du colonel. Nous lui répondons d'entrer et nous nous levons pour prendre le papier. Mais, brutalement, un fracas épouvantable retentit et nous sommes précipités les uns sur les autres.

J'ai, sans doute, perdu connaissance, car, étendu sur le dos, en rouvrant les yeux, je vois une bougie allumée. Un de mes camarades me secoue une jambe et dit aux autres : « Il n'y a pas de doute, il est bousillé ! »

Je fais un effort pour remuer et, portant la main à la tête, j'ai l'impression de toucher ma cervelle, matière gluante. Tous s'empressent et me soulèvent, mais mes compagnons éclatent de rire en même temps que moi : ma tête est enduite de confiture. Au cantonnement nous achetions de petits seaux de confiture en fer blanc, c'est l'un d'eux qui, écrasé, a vidé son contenu au milieu des éboulis. J'ai seulement de grosses bosses sur le crâne.

Je demeure assis pendant que mes camarades s'efforcent d'ouvrir un orifice dans la terre éboulée. Ils travaillent avec les pelles-bêches. Bientôt, on aperçoit un peu de bleu, puis le trou est assez large pour qu'un homme puisse passer.

L'un de nous, s'approchant de la bougie, lit, à haute voix, l'ordre du nouveau colonel qui vient de prendre le commandement du régiment. En phrases concises, le colonel adresse ses félicitations au 67ᵉ R. I. et ordonne de n'abandonner, quoiqu'il arrive, les tranchées à aucun prix. Immédiatement, nous comprenons tous qu'une attaque allemande va se déchaîner. « Alors, nous remontons », dis-je. Mes paroles n'ont pas d'écho. Chacun se plaint d'avoir reçu des contusions et parle d'aller d'abord se faire panser dans le ravin où se dissimulent nos cuisines. Seul, de Rohden, dit simplement : « Allez, je vous suis ». Le boyau doit être bouleversé, car les balles viennent s'enfoncer dans la terre. J'entoure ma tête meurtrie avec un large mouchoir et me prépare hâtivement. Je glisse rapidement par l'orifice et me tapis au-dessous du dangereux bourdonnement, puis je rampe durant quelques mètres. De Rohden me rejoint.

Dans la tranchée de première ligne, je rencontre l'adjudant Peyre, un camarade de Sorbonne. Nous échangeons quelques mots. Il me dit que tous les abris de sa section sont écroulés, sous un seul d'entre eux il y a dix malheureux ensevelis. Dans tout notre secteur, les abris ne présentent hélas! qu'une résistance dérisoire. Et le silence de notre artillerie? Est-ce la conséquence d'ordres dont nous ignorons la portée? Est-ce une erreur dont nous allons probablement être les victimes? Nous nous serrons la main et, me dirigeant vers la gauche, je rejoins ma section.

Le bombardement ne ralentit pas. Devant nous, tous les barbelés sont détruits.

Je vais trouver un lieutenant de la 12ᵉ compagnie pour me mettre à ses ordres. Il me dit de laisser seulement quelques veilleurs et de faire terrer les hommes.

Je passe une grande partie de l'après-midi dans un abri médiocre avec une dizaine de Poilus : une toile de tente et une caisse de munitions vide ferment l'entrée. Il fait noir comme dans une tombe. Pour distraire les soldats, je commence à raconter les rites funéraires des anciens Egyptiens : embaumements, pyramides,

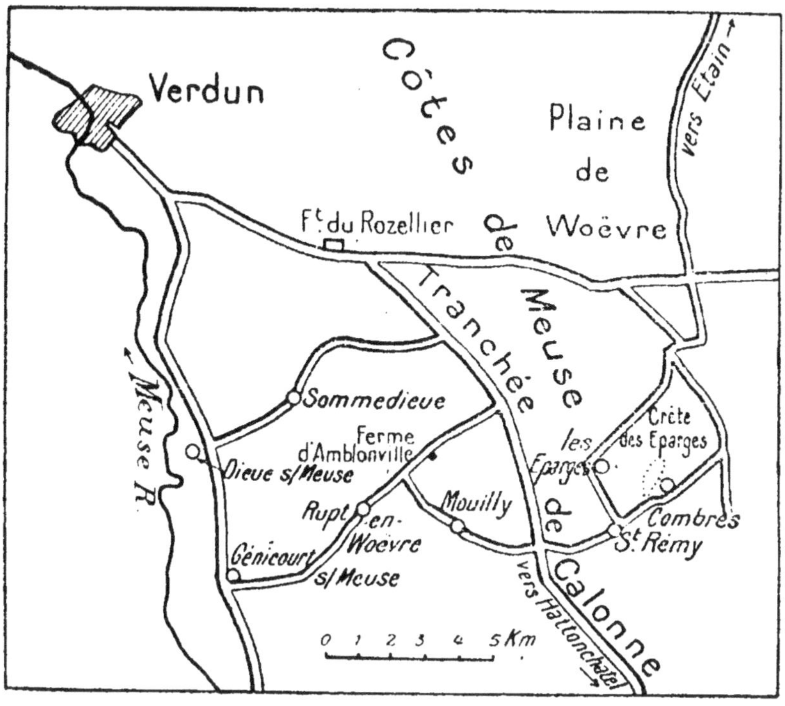

LA TRANCHÉE DE CALONNE ET LA CRÊTE DES EPARGES

hypogées. Mes auditeurs s'intéressent passionnément à ces histoires millénaires. Chaque fois que je m'arrête, une voix réclame : « Encore, sergent, encore ! »

Ils écoutent sagement, pauvres grands écoliers naïfs. A cette même heure, les stratèges et les embusqués peuvent gagner, en maugréant contre notre inertie, les chambres douillettes de l'arrière !

Je reste une partie de la nuit dans la tranchée et

rentre m'étendre dans un abri. Mais, brusquement, je suis tiré de ma somnolence par un vacarme de fusillade et des cris : « Aux armes ! les Boches ! » Nous courons tous au parapet. Des deux côtés les fusils et les mitrailleuses font rage. Des fusées jettent leur éclat dans l'obscurité. Puis, le tir s'apaise peu à peu. Les veilleurs, quand tout est calmé, disent qu'ils ont aperçu des Boches glissant à plat ventre hors de leur tranchée.

Le lieutenant me fait appeler et me demande des renseignements sur l'attaque. Il me donne une note écrite pour envoyer chercher par des hommes quarante créneaux en bois. Je lui objecte que l'effectif de ma section est très réduit, que les Poilus sont fatigués et que les créneaux sont à l'heure actuelle complètement inutilisables. Mais il tient à son ordre et je le fais exécuter. Je laisse aussi le caporal Veniker et un homme se charger des bidons de la section pour aller chercher de l'eau à la source qui jaillit en bordure de la route de Mouilly. Nous ne devions pas les revoir.

Le 24 avril, dès l'aube, le bombardement sur nos lignes reprend avec une extrême violence. Vers dix heures, il atteint son maximum, puis le tir s'allonge. Les guetteurs crient : « Voilà les Boches ! ». Nous bondissons au parapet pour arrêter l'assaillant. Une mitrailleuse ennemie, bien ajustée, exécute un tir rasant qui nous tue des hommes, touchés à la tête ou à la gorge. Mais notre feu, suffisamment nourri, contient la vague d'assaut. Nous avons l'impression que cette attaque sera brisée comme la précédente.

Soudain, derrière nous, crépite la fusillade. Des mots encourageants circulent : « Vlà le 5-4 qui monte en renfort ! »

Quelques instants après, tournant la tête, j'aperçois le lieutenant, suivi d'un sergent-major et d'un homme de liaison qui, au pas de gymnastique, s'engagent dans un boyau. Je cours et rattrape le groupe ! « Mon lieutenant! Mon lieutenant! où allez-vous?» Il ne s'arrête pas et, détournant la tête, crie : « Je suis appelé au colonel. Tenez la position le plus longtemps possible. » J'ai laissé mon fusil sur le parapet et pris en main ma baïonnette. Je me redresse, dans le boyau, et regarde vers l'arrière. Tout près, sur la route d'Hattonchatel à Verdun, des Boches, en formations compactes, courent vers le carrefour, d'autres s'égaillent en tiraillant au hasard. Nous sommes tournés et cernés. La fusillade entendue, ce n'était pas le 5-4, c'étaient les Boches! Dans un tourbillon de panique, l'idée me vient d'essayer de fuir à travers le désordre. Mais le sentiment du devoir me retient et, peut-être bien, au fond, la peur de me précipiter, au hasard, parmi les Boches, seul, avec une baïonnette pour arme.

En revenant, à la hâte, vers la tranchée par le boyau, je me heurte à des Poilus qui fuient vers l'arrière. Je crie au premier en pointant ma baïonnette : « Non! Non! aux créneaux! » A ce moment, une balle fait éclater de la pierraille. J'aperçois une lueur de mauvaise joie dans les yeux de l'homme. Mais je me redresse et le groupe, docilement, remonte vers son poste.

Dans la tranchée, des blessés sont étendus sans que personne prenne garde à eux. Un Bordelais, qui passe d'ordinaire pour un tire au flanc, accoudé sans peur sur le parapet vise avec soin et, entre deux coups de feu, cherche à donner des coups de poings à son voisin qui le gêne dans ses mouvements. Un cri d'angoisse dans le tumulte : « Des cartouches! On n'a plus de cartouches! » Je secoue par la capote un grand gars du Nord et lui fais signe de me suivre.

Je cours avec lui dans la direction de l'abri du lieutenant où se trouvent des caisses de cartouches en réserve. Mais, à peine ai-je fait quelques pas, que je me heurte à une barricade de havresacs. Un sergent qui tire couché me crie à l'oreille : « Les Boches sont dans la tranchée. » Je reviens sur mes pas et, pénétrant dans un abri avec l'homme, je ramasse quelques poignées de cartouches qui traînent dans un coin : « Ménagez, ménagez les munitions ! » La mitrailleuse d'en face s'est tue. Des groupes de fantassins boches rampent devant nous dans les replis du terrain. A cette heure, ma destinée me paraît nette, et je recouvre une grande lucidité : dans quelques minutes je serai mort. Je prends mon stylo et au dos d'une lettre qui m'est adressée, je griffonne : « Cerné par l'ennemi, ma dernière pensée pour toi, maman ! » Mais ma main tremble et je trace des caractères maladroits d'enfant.

Un homme déséquipé, les yeux fous, vient en courant de la droite : « Ordre de l'adjudant. Déséquipez-vous. Tout le monde s'est rendu. » Des Boches se sont déjà redressés. Tout près, un Poilu agite un mouchoir. En ce moment, trois ou quatre coups de soixante-quinze claquent. Est-ce la contre-attaque ? Comme un possédé, je jette des cris, d'ailleurs absurdes : « Feu ! Feu par salves ! »

Dans un tournoiement, au milieu d'éclatements de grenades, je suis renversé contre la paroi de la tranchée et j'ai sur moi deux figures grimaçantes. Un Boche me serre la gorge d'une main et agite une hache. Un autre me tient le poignet et essaie de reculer pour me percer de sa baïonnette. Tous deux écument et puent l'éther.

L'étreinte à la gorge se relâche. Un *Unter-Offizier* petit, trapu, à lunettes, cherche à coups de poings à me dégager de mes agresseurs. Je distingue vaguement sa clameur : « *Sie sind meine Gefangene !* » (Ce sont mes prisonniers !) J'ai pu me redresser. L'homme à la hache désigne mon petit galon de sergent et hurle : « *Nein ! Nein ! Der korporal tot !* » (Non, non, le caporal à mort !) Je suis comme une pauvre bête acculée.

Je réussis à glisser un peu en arrière dans un remous de poilus qui grimpent sur le parapet, où se tient debout, un Boche, le doigt sur la détente : « *Schnell ! Shnell !* » (Vite ! Vite !) crie l'*Unteroffizier*. Mais un souvenir me traverse l'esprit : « Le dernier, comme dans un navire qui sombre ! » Attitude machinale. A peine le dernier homme a-t-il sauté que, dans un rétablissement violent, je bondis à plat ventre sur le parapet et me relève. Nous filons en enjambant des cadavres : notre tir a fait du mal à l'assaillant. Derrière moi, j'entends la voix de l'*Unteroffizier* : « *Gut! Gut! Hattonchatel!* » (Bien, bien, à Hattonchatel !) Des Boches nous escortent de chaque côté. En sens inverse, de nombreuses sections d'Allemands, en colonne par un, progressent méthodiquement vers l'avant.

Nous sautons dans la tranchée allemande. Elle est très bien aménagée, profonde avec de nombreux abris. En comparaison, combien lamentable était notre pauvre tranchée ! Nous arrivons à la route d'Hatton-chatel où un autre petit groupe de prisonniers nous rejoint.

L'*Unteroffizier* a allumé un cigare et nous précède d'un pas alerte de vainqueur, en bombant le torse. Quand des Allemands nous croisent, il leur crie joyeusement : « *Ich habe achtzehn Gefangene genommen!* » (J'ai fait dix-huit prisonniers !)

Quoique Hattonchatel ne soit qu'à une douzaine de kilomètres, le chemin me paraît très long. J'avance comme dans un mauvais rêve, sans plus bien savoir si j'appartiens encore au royaume des vivants.

Cependant je regarde avec curiosité cette zone mystérieuse. Elle est peuplée de nombreuses troupes. Des officiers au long manteau bleu galopent à cheval sur les sentiers. Les Allemands ont donc entrepris une attaque de grande envergure.

Derrière moi marche un artilleur en bras de chemise. Il se querelle avec le fantassin qui est à son côté : « Je t'dis que les Boches sont à Mouilly depuis longtemps, même à Rupt. On a tiré au débouchoir zéro que je t'dis. Tu parles d'une infanterie à la noix. » L'autre réplique rageusement : « Les artiflots se la coulaient douce. Qu'est-ce qui foutaient alors depuis quatre jours ? »

Nous faisons halte devant une maisonnette entourée d'un parterre. Un général allemand avec un officier d'ordonnance se tient devant la porte. Nos sentinelles s'immobilisent dans un garde-à-vous impeccable. Le général donne un ordre à un planton qui revient avec deux bouteilles et verse du vin blanc dans les quarts de nos gardiens ; puis il pose sur l'attaque quelques questions à l'*Unteroffizier*. Nous sommes stupéfaits : la morgue des officiers allemands, vérité indiscutable chez nous, n'est-elle pas une légende aussi fausse que le manque complet de vivres et de munitions! Le général s'adressant au soldat prisonnier, le plus proche de lui, dit en français, très lentement : « 67ᵉ Régiment Infanterie, n'est-ce pas? Cantonnement ordinaire à Rupt. Vous êtes revenus des Eparges le 9. Aviez-vous eu beaucoup de pertes? » L'autre répondant de façon inintelligible, il reprend : « Bon! Bon! La guerre est finie pour vous. Elle sera bientôt finie pour tous! »

Nous nous remettons en marche. De temps à autre, nous passons devant des piles de torpilles et d'obus.

Vers la fin de l'après-midi, nous arrivons à Hattonchatel. Les *Feldgrau* grouillent partout, sur la route et dans les maisons. Sur un large emplacement sont parqués des soldats français : artilleurs, fantassins du 67ᵉ et du 173ᵉ R. I..

Nous sommes conduits à l'intérieur de l'église d'Hattonchatel. Brisés de fatigue, entassés les uns sur les autres, nous nous affalons sur les dalles, troupeau lamentable!

Pris de fièvre, je ne peux m'assoupir et j'écoute l'effroyable fracas d'artillerie qui gronde dans les directions des Eparges, du ravin de Sonveaux, de la Tranchée de Calonne : sans doute, les contre-attaques se déclanchent,

Avant l'aube, des *Rauss! Rauss!* retentissent.

Nous sortons par deux et défilons devant une grande marmite. Un Allemand nous verse une sorte de liquide brun dans une ancienne boîte à conserve que nous passons, après avoir bu, au camarade qui suit.

Une lumière blanchâtre commence à luire. Nous sommes rassemblés par quatre. Un soldat allemand s'approche de moi et me dit en un français hésitant : « Guerre finie, Monsieur! » Il me tend un cigare que je refuse avec un remerciement sec, mais quelques instants après, portant la main à la poche de ma capote, je sens sous mes doigts le cigare qu'il m'a glissé subrepticement.

Sur une route à descente rapide nous nous mettons en marche. A un tournant, je me rends compte que nous sommes au moins six ou huit cents prisonniers.

Bientôt, nous arrivons à la gare de Vigneulle où nous sommes embarqués dans des wagons de voyageurs.

Maintenant, le train roule à travers la Lorraine. A Metz, nous recevons un bol d'orge grillé, un rond de saucisse et une tranche de pain noirâtre.

Notre train continue à rouler vers l'Est et nous entrons dans le Palatinat bavarois. A une station, des gamins ont reconnu des prisonniers : ils poussent des cris de mort, lancent des cailloux pendant que de vieux bonhommes font le geste de couper la tête.

La campagne est riante : sur les Hauts de Meuse, l'hiver n'avait point disparu, mais dans ce merveilleux pays rhénan, les arbres commencent à fleurir.

Nous traversons le Rhin à Mannheim et notre voyage continue, lentement, durant la nuit.

Au matin, nous arrivons à Würzburg. Le train s'arrête. Des ordres circulent. C'est là que nous allons descendre. Un peu d'appréhension. Allons-nous être hués par la foule?

En colonne par quatre, notre cortège, encadré de sentinelles, sort de la gare. Des curieux en assez grand nombre se tiennent sur les trottoirs : pas une manifestation, pas un cri.

Au milieu du silence, nous traversons des jardins publics, des rues et marchons vers le camp de Galgenberg où nous devons être internés.

AU CAMP DE WURZBURG-GALGENBERG

Le 26 avril 1915, je franchis, au milieu du troupeau des captifs, la porte du camp de Galgenberg (Mont de la Potence). Mais sous le ciel bleu de la Bavière, tendre dans sa douceur printanière comme un ciel de France, le nom lugubre de mon camp de prisonniers de guerre ne me fait éprouver nulle angoisse.

En marchant le long des fils de fer barbelés, derrière lesquels des sentinelles au long manteau noir, à la casquette plate, montent la garde, nous apercevons une prairie bordée par la ligne d'arbres d'une route ; au delà, les clochers de la ville de Würzburg, la forteresse de Marienberg prison des officiers français ; et, dans les méandres de la vallée du Main, les collines où s'étagent, retenues par des murs de pierres, les terrasses de vignes aux ceps tordus.

Sur le vaste plateau du Galgenberg, champ de manœuvre de la garnison de Würzburg, le camp s'étale sur une longueur d'environ sept cents mètres et sur une largeur de deux cents. Il est divisé en zones (*Bezirks*) séparées par des fils de fer barbelés. Près de la porte d'entrée, se dresse un grand bâtiment en planches. Les Barackes sont disposées par deux dans le premier Bezirk, par quatre dans les autres. A proximité, s'élève une tour d'observation où sont braquées deux mitrailleuses.

Les Barackes du premier Bezirk sont occupées par des prisonniers de guerre, captifs depuis 1914 pour la plupart. Je suis versé à la cinquième Kompagnie du troisième Bezirk, où se trouvent rassemblés des prisonniers récents du 67ᵉ et du 173ᵉ Régiments d'Infanterie.

Notre Baracke n'a pas encore été utilisée. Longue de cinquante mètres sur dix de large, elle contient environ deux cents paillasses, gonflées de fibres de bois. Je suis placé, avec six autres sergents et le maréchal des logis d'artillerie, Rahir, dans une minuscule chambre, séparée du reste de la Baracke par une cloison.

Nous sommes vêtus de notre costume du front. Les capotes bleu horizon sont souillées de boue et de taches rougeâtres. Nous avons des chemises qui n'ont pas été changées depuis des semaines.

Les poux nous tourmentent : dans les tranchées, en 1915, personne n'échappait à leur pullulement. Au camp, les premiers loisirs sont employés à leur donner la chasse. On voit partout des Poilus, le torse nu, fouillant les recoins de leur chemise. Mais, au bout de cinq ou six jours, nous sommes conduits à une caserne de cavalerie pour l'épouillement. Nous passons à la douche, les vêtements sont mis à l'étuve, et nous sommes débarrassés de cette vermine.

La nourriture quotidienne est tout à fait insuffisante. Pour la journée, nous recevons une mince tranche d'un pain noir, compact, amer, sentant l'anis, le pain des camps de prisonniers de guerre, appelé officiellement pain K. K. Au réveil, on distribue un bol de liquide noirâtre, sans sucre, confectionné avec du gland grillé ; à midi, une portion de betteraves fourragères ou bien une bouillie épaisse, mélange d'orge et de sciure de bois, parfois, de mauvaises tripes ; le soir, une mince rondelle de saucisse de cheval.

La Kantine, à cette époque, est encore assez bien achalandée ; on peut s'y procurer divers *Ersätze* (succédanés), des confitures, même des œufs. On paye avec une monnaie particulière au camp, qui est remise aux prisonniers de guerre contre l'argent français. Mais, dans mon vieux portemonnaie de cuir, au moment de ma capture, je ne possédais qu'un gros sou de bronze à l'effigie napoléonienne ! Jusqu'à l'arrivée des colis et des mandats, durant une cinquantaine de jours, je suis obligé de me contenter de l'ordinaire du camp.

L'insuffisance de nourriture épuise mes forces et je souffre de crampes d'estomac. Presque toute la journée, je demeure étendu sur le sol comme une bête captive.

Quelques prisonniers ouvertement témoignent la satisfaction d'être tirés de la mêlée. D'abord, ils craignaient des sévices, de mauvais traitements, maintenant, ils sont rassurés et joyeux. J'éprouve un grand mépris mêlé de dégoût, et je me fais le serment de tenter, coûte que coûte, de m'évader pour reprendre ma place au front.

La plupart de mes compagnons, comme moi démunis d'argent, ne peuvent profiter des denrées de la Kantine. Aux rassemblements interminables, où nous devons nous tenir au garde à vous pour être comptés et recomptés suivant des méthodes d'une extrême complication, beaucoup de malheureux s'évanouissent et sont transportés au *Lazarett*.

Les plus misérables errent dans le camp, rôdent autour des cuisines à la recherche de quelque détritus, s'enfuient en titubant quand approche l'*Unteroffizier* armé d'un revolver. Après la distribution du rutabaga ou de tripes malodorantes, au moment du « rabiot » ils se ruent vers les larges marmites, où ils grouillent comme une nuée de grosses mouches bleues.

Une nuit, dans notre chambrée de sergents, nous sommes victimes d'une singulière hallucination collective. Vers onze heures, mon voisin de paillasse, Rahir, au milieu d'un cauchemar lance d'une voix retentissante : « Aux armes là dedans ! Aux armes ! » c'est le fameux cri d'alarme en cas d'attaque brusquée. J'aperçois avec terreur des Boches, la bouche écumante, la baïonnette baissée, qui bondissent en colonne par la minuscule fenêtre. Instinctivement, je m'abrite derrière ma paillasse et cherche à saisir mon fusil. Mais une voix clame : « Qu'est-ce qui vous prend, tas de c...! » nous sommes réveillés et rions de notre frayeur commune, car la même image d'épouvante, au même instant, s'était présentée à l'esprit de tous.

Dans le milieu du mois de juin, les colis de France commencent à arriver. Avec une joie bruyante, nous déballons les boîtes de conserves, les tablettes de chocolat, le macaroni, les paquets de tabac ou déficelons le torchon qui enveloppe la bonne miche rustique.

Auparavant, chaque fois que nous trempions la compacte tranche de pain K. K. dans le liquide bouillant et noirâtre, quelque voix plaintive soupirait : « Ah ! quand arrivera-t-il, le bon pain de France ! » Nous baissions le nez sur nos petites auges de faïence, les yeux humides, en évoquant le gonflement merveilleux de croûtes dorées et de mie blanche.

Maintenant, le rêve est réalisé, nous ne songeons plus à la famine, si ce n'est, parfois, lorsqu'un camarade se plaint d'être à bout de ressources.

Les Allemands, avec qui nous sommes en contact, sont tous des militaires.

Le général, à tête de bouledogue, drapé dans un ample manteau gris, ne fait que de rares apparitions, principalement pour visiter les cuisines et les latrines.

Au contraire, chaque matin, le capitaine qui surveille les travaux, bondit à travers le camp, raide sur son cheval, la cravache haute, et invective les hommes de corvée à la carrière, qui lui ont donné le juste surnom de « Capitaine Caillou ».

Chaque Kompagnie a son personnel particulier.

À la tête de ma Kompagnie, la cinquième, se trouve un capitaine de soixante-quinze ans, à la barbe et aux moustaches blanches, à l'allure débonnaire et qui n'a de l'*Hauptmann* boche que l'épée au côté et les trois étoiles sur la veste. Aux interprètes français du Bureau il aime à raconter la campagne qu'il a faite, en 1866, contre les Prussiens. Nous l'appelons le capitaine « Zozo », parce qu'il n'est pas d'humeur contrariante. Par exemple, un matin, il trouve dans la Baracke une caisse-armoire qu'il n'avait pas encore vue.

Comme il est sévèrement interdit de prendre des planches dans le camp, il est obligé de s'indigner, mais le prisonnier coupable lui réplique, avec un grand aplomb et contre toute évidence, que les planches proviennent de colis français. « *So! So!* » (bien! bien!) répondit-il et il passe, sans plus insister.

Ce brave homme est mort au cours de ma captivité. Le gentil caporal, Charles Soulas, très patriote et très humain, est venu me demander s'il ne serait pas possible de faire une collecte pour offrir une couronne. J'ai répondu durement : « Non! Certes, c'était un vieillard indulgent, sympathique. Mais les Boches ravagent notre pays. Des prisonniers français... à un capitaine allemand! Non, cent fois non!!! »

Le *Feldwebel* (adjudant) est le véritable commandant de la Kompagnie. Cambré dans la veste bleue aux boutons reluisants, le crâne rasé, les yeux durs, il en impose au vieux capitaine. Nous l'avons surnommé « Stiup », cri guttural qu'il lance au rassemblement pour « *Stillgestanden!* » (garde à vous). C'est un sous-officier de carrière. Dès le second jour de mon arrivée au camp, il voulait, pour une vétille, me faire passer en Conseil de Guerre. Constamment, il est furieux de l'incompréhensible humeur d'indépendance des Français. Je l'ai vu, pour un motif futile, tourner autour de moi, qui demeurais flegmatiquement au garde à vous, poussant des hurlements et faisant sauter les chaises à coups de pied.

Un autre *Feldwebel* vient fréquemment au Bureau, il remplacera Stiup parti au front. C'est un homme d'environ quarante ans, grand, un peu voûté, les yeux langoureux et faux, très soigné de sa personne, toujours accompagné de deux magnifiques chiens. Riche Juif, il a longtemps vécu en France, possède, paraît-il, un petit château dans la vallée de la Loire, et connaît des personnalités françaises.

Quel métier faisait-il en France? Il pense bien, d'ailleurs y revenir après la guerre. Malgré son sourire mielleux, je me sens toujours très mal à l'aise en sa présence.

Les deux interprètes allemands de la Kompagnie, présentent un curieux contraste. L'un, à la longue silhouette grise, à vécu longtemps aux Etats-Unis; il bredouille le français d'une voix éternellement pleurnicharde. L'autre, gros garçon à figure carrée, s'agite perpétuellement en lançant d'énormes plaisanteries dont il rit aux éclats. Sa grande préoccupation est d'obtenir, par tous les moyens, du pain moisi pour engraisser ses « pons cochons ». Il est hôtelier en ville et affirme que les gens très pauvres devraient seuls faire la guerre : « Si j'étais tué au front, que foulez-fous que devienne l'hôtel avec mon femme! » et il nous confie naïvement que son rêve serait d'être prisonnier en France. Aussi, quand il rend un menu service, prend-il, en prévision de son départ au front, le soin de faire signer par le prisonnier une attestation de bons traitements à l'égard des Français.

Vers le milieu de juillet, commence la période des moissons : presque tous les hommes valides sont envoyés en Kommandos de travail. Il ne demeure au camp que les employés des différents services, les hommes de corvée et un certain nombre de gradés.

Par accord entre les puissances belligérantes, les Allemands ne doivent pas faire travailler les sous-officiers sans leur consentement, aussi les *Feldwebels* ont-ils demandé des listes de sergents volontaires.

Le devoir de chaque gradé est clair : il ne doit pas travailler pour l'ennemi. Mais, à cette époque où nous nous imaginions que l'évadé repris pouvait être fusillé, j'ai déjà bien arrêté mes résolutions et je me fais inscrire comme volontaire pour m'enquérir des possibilités d'évasion.

Nous sommes huit à partir pour Kircheim, petit

village éloigné d'une quarantaine de kilomètres de Würzburg.

Les deux sentinelles qui nous accompagnent nous font aligner devant la maison du *Burgermeister* et les paysans discutent violemment entre eux pour s'assurer les lots de bonne apparence. Nous courrions le risque d'être écartelés si le *Burgermeister*, aidé du curé, n'avait l'idée de nous numéroter et de faire tirer au hasard les numéros dans son chapeau.

Le paysan à qui j'échois se frotte les mains, puis me tâte comme une bête de rapport. Il me parle rapidement dans une sorte de patois franconien où je ne discerne pas un mot. Il est accompagné d'un gosse d'une douzaine d'années qui parle l'allemand appris à l'école. Je dis tranquillement que je n'ai jamais touché de ma vie ni une charrue, ni une bêche. La figure de mon acquéreur s'assombrit quelque peu.

Il me fait entrer dans une maison peinte extérieurement en bleu pâle. Sa femme, une Bavaroise d'une quarantaine d'années, m'apporte de la confiture et du pain presque blanc.

Le soir, je rejoins mes camarades dans une chambre de *Gasthaus* (auberge). Les fenêtres sont fermées par des grillages de fer. Nous y sommes surveillés par deux *Posten*.

L'un est un ancien garçon de ferme qui balaie notre chambrée, va nous chercher des chopes de bière et s'improvise notre domestique. L'autre, la barbe soignée, presque élégant, est un artiste en vitraux. Au bout de deux jours, il chargera l'un de nous de porter à une belle Gretchen, fille d'un patron de ferme, des missives enflammées; mais le prisonnier indiscret, qui aura flairé un rival, les ouvrira, chaque soir, pour nous offrir le régal de dessins amoureux et d'un rouge cœur percé d'une flèche.

Le travail de la moisson est rude sous le brûlant soleil de juillet. Le matin, dès l'aube, on fauche la luzerne, l'après-midi, sans la moindre sieste, on coupe et gerbe le blé. Quand je demeure en compagnie de deux solides servantes d'une vingtaine d'années, j'ai bien vite abandonné la faulx pour la fourche à rassembler et la fourche pour ma pipe. Je me contente de récompenser par quelques plaisanteries les deux laborieuses filles qui font ma besogne sans rechigner.

La patronne s'occupe gentiment de moi; chaque fois que je me lève de table, elle se précipite pour me dire : « *Wie Geht, Septime. Es war gut?* » (Comment ça va, Septime, c'était bon?) en accompagnant ses paroles d'une tape affectueuse sur la partie la plus charnue de ma personne. D'ailleurs, pour me rattraper de mes privations du camp, je suis décidé à me suralimenter et je n'ai aucun scrupule à faire, quotidiennement, deux ou trois tours dans le poulailler, d'où les poules, ébouriffées, s'enfuient en voyant entrer ce gros coq à képi rouge qui gobe les œufs sans vergogne.

Entre une fauchaison et un curage de fosse à fumier, je reçois la visite d'un jeune prêtre, le curé du village. Nous bavardons et je m'amuse à entrelarder mon mauvais allemand de citations latines qui lui donnent une haute idée de ma culture intellectuelle.

La population ne nourrit aucune animosité contre les Français; nous sommes même considerés avec une certaine admiration respectueuse. C'est contre l'Angleterre que s'exhale une haine violente, surexcitée par les petits journaux locaux qui façonnent l'opinion.

Personne, ici, ne doute de la victoire très prochaine de l'Allemagne. Chaque dimanche, cet article de foi est prêché par le curé, du haut de la chaire. Un jour que nous engrangions des gerbes, j'ai failli, à ce propos, provoquer l'évanouissement de ma pieuse patronne :
— « Notre empereur est juste, bon. Nous aurons la victoire bientôt. — Non. La guerre durera deux ans, trois ans, et l'Allemagne sera vaincue. — Pourquoi l'Allemagne serait-elle vaincue? Nous avons beaucoup de soldats. »

Je cherche un moment, et, d'un air très grave, je

réponds — « *Weil Gott mit uns ist!* » (Parce que Dieu est avec nous !).

La bonne femme regarde mes yeux apparemment sincères, puis se sauve en traçant des larges signes de croix : « *Oh lieber Gott, lieber Gott! Du mit den Franzosen!* » (O cher Dieu ! cher Dieu, toi avec les Français !)

Un soir, je reviens des champs, la fourche sur l'épaule. Le coiffeur de la localité m'aborde et d'un air qu'il veut rendre triste, mais qui est seulement comique tant la joie y déborde, il me confie : « *Warschau ist genommen* » (Varsovie est prise). Aussitôt les gamins qui viennent toujours entourer chaque prisonnier, dès l'entrée du village, poussent des hurrahs et crient à tue-tête : « *Paris, bald Kapout!* »

Ce Paris a un prestige prodigieux dans ces campagnes de Bavière. Les grandes personnes, comme les enfants, s'imaginent que c'est une ville unique au monde, un Paradis où tous les habitants vivent luxueusement, sans rien faire, et dont la prise assurera la richesse à tous les citoyens allemands. Quand les gamins disent « Paris Kapout! », ils font le geste de se remplir les poches.

La ténacité au travail de cette population est extraordinaire. Les femmes, presque toutes vigoureuses, peinent comme des bêtes de somme. Les seules distractions du village sont la messe et les vêpres du dimanche. C'est l'occasion pour les paysannes aisées de revêtir la jupe bleue, le tablier vert, le corsage mauve orné de dorures et le châle frangé de rouge. Après cette orgie de couleurs, le village se plonge dans le sommeil réparateur pour recommencer, la semaine suivante, son labeur sans fin.

Je n'ai pas oublié le motif de mon départ en Kommando. Après une semaine de séjour, je constate que je ne trouverai, à moins d'une chance imprévisible, rien qui puisse m'aider à fuir. Si peu que mon travail soit profitable à l'ennemi, c'est encore trop, aussi serait-ce

lâche d'hésiter à prendre une décision parce qu'elle
m'est pénible. Comme je suis parti au travail volontairement, je n'ai pas de peine à me faire rappeler et je
regagne les Barackes de Galgenberg.

Les parents et les amis déploient, dans leurs lettres,
beaucoup d'ingéniosité pour nous faire comprendre,
sous le couvert d'allusions discrètes, la marche des événements, ou bien ils cachent dans du café moulu, dans
le double fond des boîtes cartonnées, des coupures de
journaux, vieilles au moins de trois semaines.

A ce point de vue, ils sont bien mal renseignés sur nos
possibilités d'information. Presque tous les grands journaux français, transportés à travers la Suisse, sont
vendus au public, en ville. Par l'intermédiaire de nos
camarades qui travaillent à Würzburg, nous les avons
au camp, trois ou quatre jours après la date de publication.

D'ailleurs, les importants journaux allemands, comme
le *Berliner Tageblatt,* la *Frankfurter Zeitung,* que nous
pouvons nous procurer ouvertement, renseignent leurs
lecteurs assez exactement sur les opérations de guerre.

Ayant leur clientèle dans la classe riche et intellectuelle, ils sont conçus sur un tout autre type que les
innombrables petits journaux locaux, destinés à la
masse villageoise, remplis de nouvelles tendancieuses et
d'absurdités.

Cet automne la presse allemande peut entonner des
hymnes glorieux : écrasement des Russes, retraite de
l'armée serbe, échec de l'attaque française en Champagne.

A chaque victoire, la ville de Würzburg pavoise, les
cloches des églises sonnent; au camp, tout le poste de
garde se forme en carré et pousse les rituels hurrahs.

Vers la fin septembre 1915, nous pensions que nos
troupes pourraient percer le front, en Champagne, et
transformer la guerre de tranchées en guerre de mou-

vements.

Ce n'est point par les journaux que j'ai eu la première nouvelle de l'échec. J'étais sergent de garde, près de la fosse à ordures, pour obliger les Poilus à faire le triage des détritus qu'ils venaient jeter, quand un *Herr Major* (Commandant) s'est approché de moi, et, dans un petit discours, où il plaignait la pauvre France d'être victime de l'Angleterre, il m'a appris la défaite.

Quelques semaines plus tard, des parents d'Albert Malet m'écrivent pour me demander s'il est possible, par les prisonniers de guerre, d'avoir des nouvelles de l'historien, disparu dans les attaques d'Artois. Je dois répondre d'une manière un peu optimiste, parce que la vieille mère ne veut pas croire à la mort de son fils. Pauvre Albert Malet, engagé à cinquante-deux ans, je l'avais revu à Limoges si juvénile, si enthousiaste! Son cadavre, retenu dans les fils de fer barbelés, déchiqueté par les balles, se désagrège sous les eaux du ciel.

L'hiver s'abat sur nos Barackes. Le vent crache de la pluie par les rares fenêtres oblongues, d'où tombe une lumière gluante et jaune. Des chemises et des chaussettes, jetées en désordre sur les cordes, s'égouttent en fumant.

Quelques Poilus, le képi enfoncé sur les yeux, le col de la capote relevé, grelottent, abêtis. D'autres, autour de trois gros poëles à la bouche rougeoyante, gesticulent, pareils à des ombres : ils tendent des gamelles et des boîtes de fer blanc, suspendues à de longs bâtons, pour faire cuire leur ratatouille à l'intérieur du fourneau.

Le soir, tous les hommes de corvée et tous les travailleurs de la ville rentrés, la Baracke est pleine.

Dans un brouillard, lourd de poussière et de fumée, les huit ou neuf lampes à acétylène, disposées au hasard des groupes, viennent d'être allumées. Les petites flammes luttent vaillamment : l'une, dressée sur la lampe au cerceau de métal rouillé, rivalise avec sa voisine perchée sur une boîte cylindrique teinte en vert, et toutes, puisant leur force dans le gaz empesté du carbure, élargissent leurs minuscules papillons, et, par place, réussissent à déchirer l'ombre.

Le repas du soir vient de se terminer. Dans chaque popote, qui groupe quatre ou cinq Poilus, on passe hâtivement un coup de torchon sur la table, les balayeurs rassemblent les détritus et les boîtes de fer blanc. Alors, chacun s'immobilise et semble attendre.

Enfin un cri sonne à travers les murmures : « Aux lettres ! » Tous se précipitent. Un cercle anxieux se forme autour du distributeur ; les noms s'élèvent et les réponses joyeusement retentissent : « Présent » ou bien « Présent pour lui », interrompues par quelques réflexions à demi-voix, rares au début, nombreuses bientôt : « Encore ! Toujours les mêmes ! » Les Poilus regagnent leur place pour s'efforcer de tuer le temps le mieux possible, durant la longue soirée.

Les manilleurs, assis autour d'une table, battent les cartes et s'accusent de couper de travers : « Encore trois ans de guerre et tu apprendras, bleusaille ! — Plaisante toujours, ça arrivera peut-être ! » Les joueurs de jacquet, face à face, agitent les godets combattivement : « Oui je te dis qu'on les aura ! » Les studieux font des efforts désespérés pour placer leurs livres dans la bonne lumière, et d'autres bâillent sur une grammaire allemande. Des travailleurs de ville tournent dans leurs doigts la lettre reçue, la posent, taillent leurs crayons, disputent adroitement un coin de table pour appuyer le coude et cherchent péniblement des mots en l'air pour écrire une réponse sur l'étroite carte réglementaire.

A pareille heure, il y a bien longtemps, paysans, travailleurs d'usine, employés, avaient quitté le travail, et, dans la salle bien close, paisiblement éclairée, ils se délassaient de la fatigue quotidienne, au milieu de leur famille. Ce tableau humble et lointain flotte devant les prunelles de quelques-uns, assis sur leur pauvre paillasse, le corps ployé sur les genoux, le menton dans la paume de la main, nostalgiquement rêveurs.

Mais un groupe fait son entrée. C'est un chanteur en

ballade avec son escorte. Il grimpe sur une table que les Poilus entourent. Les chansons s'envolent au rythme d'une voix chaude : *Tant que vous serez jolie; Le rêve passe; Baisers de femmes; Ce que c'est qu'un drapeau;* et pour terminer, les couplets les plus aimés s'élèvent au milieu des applaudissements :

> La France est le plus beau pays,
>   Son drapeau sur la terre est béni...

puis chacun prépare le coucher. Les plus habiles ont confectionné un isolateur avec des fils de fer ou bien construit des lits de minces planches. Ils allongent leur paillasse, étendent un drap de fortune, bordent avec précaution les couvertures et se coulent doucement sans les déranger, en regardant avec pitié le voisin qui se laisse tomber lourdement, tout vêtu, sur sa paillasse bosselée, à même le plancher.

Quelques dormeurs ronflent pendant que les conversations continuent. Un retardataire traîne lourdement ses galoches et butte contre les paillasses et les bancs. « Pstt... Pstt... la patrouille! » La porte s'ouvre dans une bouffée d'air glacial, les planches gémissent sous les bottes, une baïonnette accroche une lampe éteinte qui répond par un grincement, et la patrouille, grondante, sort par l'autre extrémité.

La dernière lampe agonise dans l'ombre, le silence noir s'étend, interrompu seulement par les soupirs ou le cri d'un dormeur qui rêve tout haut. Le sommeil règne sur le misérable radeau, lamentablement échoué au rivage étranger.

Le printemps de 1916 devait être précédé par une nouvelle formidable : les Allemands attaquaient sur le front de Verdun.

Les premiers communiqués, publiés par la presse allemande, jettent le désarroi dans les camps de prisonniers de guerre français. Nous sommes atterrés, car les sifflements perpétuels des trains, qui transportent d'Orient en Occident d'innombrables troupes, parviennent jusqu'à notre camp, et nous connaissons les énormes réserves allemandes. Mais l'indestructible espoir, que nous conservons au plus intime du cœur, nous permet assez vite de reprendre courage.

Nous confrontons passionnément les communiqués allemands et français. Éloignés, bien malgré nous, de la lutte farouche, nous en suivons les péripéties en communion profonde avec les défenseurs de Verdun qui ont dit : « Ils ne passeront pas ! »

Le soleil printanier dissipe les grisailles de l'hiver. Quelle joie de pouvoir sortir de la Baracke pour marcher sur le sol encore humide, haut perchés sur nos galoches à semelles de bois !

Notre promenade favorite est la partie arrière du camp, où, de l'autre côté du fil de fer, des pommiers fleurissent. Les délicats pétales, roses et blancs, nuancent d'un peu de rêve notre morne nostalgie.

Au mois de mai, des hordes hétéroclites de prisonniers arrivent : ce sont les candidats à l'internement en Suisse, qui doivent séjourner à Würzburg-Galgenberg pour subir l'examen d'une commission médicale. Ils viennent de Bavière, de Prusse, du Hanovre, de Saxe, des Pays Rhénans. A côté des soldats, se pressent des prisonniers civils appartenant à toutes les classes sociales, il y a même des prêtres. Les uns, résidant en Allemagne au moment de la déclaration de guerre, ont été internés au camp de Holzminden ; les autres, transportés des régions envahies, sont, plus tard, venus les rejoindre.

Les conversations entre les anciens prisonniers de Würzburg et les arrivants sont interminables. De quel camp viennent-ils ? comment étaient-ils nourris, traités ?

Quoique les souvenirs ne soient pas encore déformés, il est difficile de se faire une opinion bien nette. Sur le même camp, on recueille des renseignements contradictoires. Il a suffi d'un changement dans le commandement pour entraîner de grandes différences suivant les époques. Certains prisonniers, embusqués dans les Bureaux, sont surpris d'entendre parler de mauvais traitements infligés dans le camp où ils ont vécu. Il y a des pessimistes qui ont vu tout en noir et des optimistes dont la bonne humeur n'a jamais été troublée.

D'autre part, les camps d'Allemagne, situés dans des Etats différents, ne sont pas soumis à un régime uniforme. C'est en Prusse que la discipline paraît être la plus sévère.

Quelques malheureux racontent avec rage qu'ils ont été soumis au supplice du poteau, pour une peccadille : le prisonnier lié à un poteau, les mains derrière le dos, durant plusieurs heures, souffre atrocement sous la brûlure du soleil et la piqûre des insectes. D'autres, envoyés au travail des mines, ont été enfermés par punition dans des chambres de chauffe. On entend des récits navrants de cruauté, pratiquée individuellement par des brutes boches.

Cependant, presque partout, depuis que les commissions neutres peuvent visiter les camps de prisonniers de guerre, une amélioration sensible semble devenir la règle.

Les Barackes du Galgenberg sont peuplées par des milliers de prisonniers qui forment une foule bariolée et bruyante.

Les autorités du camp nous laissent tranquilles dans les limites des fils de fer barbelés, aussi l'esprit d'initiative de la race peut-il librement se développer.

Un vaste terrain, couvert d'une herbe rase, l'*Alarm-platz* nous a été ouvert. Il est bientôt couvert de tentes improvisées, qui lui donnent l'apparence d'une plage. C'est là que s'affrontent nos équipes de foot-ball. Autour de vastes tables en plein air, l'organisateur des jeux, Henri Borel, convie à des concours, savamment agencés, les joueurs de jacquet, de dames, d'échecs.

Mais les efforts individuels les plus dignes d'intérêt se traduisent en une vie artistique intense.

Le Père Scherer, Jésuite bavarois appartenant à la Province de France, avait toujours témoigné une sympathie active pour les prisonniers. Comme aumônier du camp, il avait réussi dans les premiers mois de la captivité, malgré notre dénuement, à organiser une chorale et un orchestre.

Après l'arrivée des hordes d'émigrants, notre maëstro Leblanc a cédé la baguette de chef d'orchestre à Marc de Ranse, professeur à la Schola Cantorum de Paris. Chaque dimanche, on peut entendre des concerts de choix : du Beethoven, du César Franck, du Mozart, du Wagner, du Massenet, du Debussy.

Nous avions aussi un théâtre, dirigé par un élève du Conservatoire, Lucien Nat. Avec des moyens de fortune et des acteurs improvisés, nous pouvions applaudir des pièces de Flers et Caillavet, de Feydeau, de Courteline, de Murger.

Les conseils d'acteurs professionnels, comme Etiévant, de passage forcé à Galgenberg, permettent de donner de l'ampleur à l'entreprise.

Dans la grande Baracke vide, que nous appelons le *Flughalle,* sur les devis de Jodart, architecte parisien, on a construit une véritable scène.

Les après-midi de représentation, la salle se remplit d'un public bruyant.

Aux places assises, le pittoresque du vêtement révèle que Montmartre a poussé une pointe jusqu'au Galgenberg.

Des crânes chauves voisinent avec des barbes vénérables, le cache-poussière de voyage tient compagnie au pardessus usagé, mais plus cossu. Les cravates ont reparu, et aussi les mouchoirs dans la poche du veston. Ces vêtements civils présentent parfois des anomalies déconcertantes. Vous regardez certain spectateur de bas en haut et vous apercevez des guêtres serrant les mollets : « Tiens un militaire, dites-vous. » Mais vous découvrez ensuite un ventre, une jaquette, une rosette académique qui ne peuvent appartenir qu'à un civil.

L'élément militaire ne s'est pas laissé submerger. Le costume de fantaisie a pris sa revanche sur l'uniforme. La sobre tunique d'avant guerre et le pantalon rouge ont encore leurs partisans, mais la tenue bleu horizon est à la mode.

Tous ces gens selects occupent un rang assez élevé dans la hiérarchie sociale de la vie, passée ou actuelle : ils sont banquiers, notaires, professeurs, avocats ou bien cuisiniers de Bezirk, coiffeurs, contrebandiers de *Schnaps* (eau-de-vie).

Aux places debout, se presse la cohue du public modeste : képis bleus ou rouges à la visière cassée, képis de pompiers, envoyés par des œuvres de secours, capotes élimées, costume classique fourni par l'Administration du camp : pantalon brun rehaussé par une large bande kaki, veste de même couleur avec un anneau de drap kaki qui donne à ces bagnards une apparence de premiers communiants dont le brassard serait un peu jauni.

L'orchestre et le théâtre joignent leurs efforts pour représenter l'*Arlésienne,* au bénéfice d'un monument que nous voulons élever à nos morts dans le cimetière de Würzburg.

L'art magique, dans un décor de soleil et de fleurs, fait étinceler la Provence, exubérante dans la farandole, dans les éclats de rire du patron Marc et dans le chaud accent des filles du Pays.

Sur la scène on ne voit pas des Poilus, des copains qui couchent sur une paillasse voisine de la nôtre, mangent le rutabaga et prennent part à nos jeux.

La douleur paternelle de Francet Mamaï, le simple et puissant devoir incarné par le pâtre Balthazar, la douce abnégation de Renaude, le tendre attachement de Vivette, la violence brutale de Mitifio, la passion qui roule sa lave dans les artères de Frédéri, c'est la vraie vie, la vie que nous avons plus prosaïquement vécue et qui semble morte pour nous.

Sous le souffle du génie, elle renaît, humble tison qui fumait sous la cendre, et les souvenirs, fantômes désuets sortis de la pénombre, nouent leurs mains et s'agitent comme une ronde autour d'un feu, dans la nuit de la Saint-Jean.

Mais, au-dessus de tous les souvenirs, se dresse une poignante évocation : Rose Mamaï, personnification de toutes les mères, gémit d'angoisse pour la vie de son fils. L'émotion est si intense que les pleurs mouillent tous les yeux.

Nous rédigeons un journal hebdomadaire, l'*Intermède* qui paraît depuis le 23 janvier 1916.

L'éclosion des journaux, publiés en français par les prisonniers, est une des plus singulières manifestations de la vie des *Kriegsgefangenenlager* (camps de prisonniers de guerre). Envoyés dans les pays neutres et en France, ces feuillets d'exil pouvaient présenter la captivité sous un aspect souriant et servir de témoignage contre la campagne menée par la Presse de l'Entente sur la situation misérable des prisonniers en Allemagne.

Ce fut certainement en vue de cette action de propagande que le Gouvernement allemand autorisa leur publication. Mais le piège était vraiment trop grossier, les prisonniers français, malgré les efforts de la Censure, défendirent leur indépendance de pensée et de sentiment.

L'*Intermède* a reçu ce nom de baptême parce que nous voulions le considérer comme un divertissement passager entre les deux grands actes de la vie véritable, notre existence d'avant et d'après guerre.

Comme il est né dans notre camp de Galgenberg (Mont de la Potence), il porte en exergue cette phrase de Rabelais : « J'ay veu des pendus plus de cinq cens, mais je n'en veis oncques qui eust meilleure grace en pendillant » (Gargantua, I, 42). Nous ne sommes pas des littérateurs, mais seulement d'humbles Poilus de France, en capotes bleues élimées, qui traînons notre nostalgie et nos instincts combattifs dans une vaste cage, close de fils de fer barbelés.

Membres de l'enseignement, étudiants, employés, presque tous très jeunes, nous faisons nos premières armes dans le journalisme militant, et nous rédigeons notre copie, dans quelque coin sombre de nos Barackes, sur une table ébranlée par les coups de poing des manilleurs, ou sur notre paillasse pliée en deux.

D'abord, nous avons pour bureau de rédaction un étroit magasin où s'entassent des balais, des cruches, des godillots, des pantalons.

Nous y pénétrons, à la tombée de la nuit, en poussant une fenêtre qui ferme mal. Nous parlons à voix basse, comme des conspirateurs. Peu à peu le ton s'élève. La conversation s'anime et bondit dans la vaste broussaille des nouvelles de la guerre, des problèmes philosophiques, des souvenirs de France. Mais le silence s'établit brusquement : les pas lourds d'une patrouille écrasent le gravier. Après minuit, nous retournons à nos Barackes, et, pour retrouver nos paillasses, nous enjambons, dans l'obscurité, les dormeurs qui se retournent en grognant.

Au bout d'un trimestre, le magasin s'emplit d'innombrables godillots, la fenêtre est clouée : la rédaction a perdu son refuge. Elle mène la vie de bohème en plein air, au milieu des Poilus, qui se rassemblent autour des tables boiteuses ou font cercle autour d'un bonimenteur.

Mais l'*Intermède* prend de l'importance. La Censure reçoit les nombreuses coupures des journaux français qui s'occupent de lui. Aussi les autorités du camp, s'inclinant devant une puissance, jusqu'ici un peu ignorée, accorde-t-elle un bureau au journal.

Les chamailleries ne sont pas chez nous plus rares que dans les autres organisations du camp. Notre journal cependant n'est pas un buisson hospitalier pour tous ces potins qui se tortillent à l'ombre des Barackes comme de petits serpents.

Nous savons avec quelle émotion nos parents lisent, en France, nos humbles feuillets, et nous avons à cœur de ne pas découvrir nos querelles, nos intrigues qui, sous leur apparence modeste, sont vraiment la trop exacte copie des misères mondaines et politiques.

Nous avons la sagesse de comprendre l'inanité de nos disputes pour rassembler tous nos efforts dans la bonne lutte contre la Censure.

Le seul nom de Censure, surtout de Censure boche, aurait pu jeter le désarroi dans nos esprits, glacer nos cœurs, paralyser nos doigts. Misérables prisonniers, que pouvons-nous tenter contre ce Kolossal Monstre au front têtu, aux yeux enlunettés, aux mâchoires menaçantes ?

Nous ne sommes pas, heureusement, de ces esprits timorés qui tremblent devant une entité avec des frissons de sauvages superstitieux et nous aimons à chercher de pauvres petits bonshommes derrière les épouvantables affabulations.

Les épreuves des articles de l'*Intermède* doivent être portés par l'un de nous, généralement Saint-Lanne, qui assume la tâche ingrate de rédacteur en chef, aux Bureaux de la Kommandatur.

Un interprète du service de la correspondance remplit l'office de Censeur. C'est un jeune Juif qui a vécu longtemps à Paris et connaît assez bien notre langue. Il se pique de nationalisme allemand, mais il trouve la vie plus intéressante en France qu'en Allemagne. Souple, habile, il cherche à accomplir sa tâche au mieux de ses intérêts. Il deviendrait féroce si nous lui attirions le blâme de ses supérieurs, mais comme il compte bien revenir à Paris à la fin de la Guerre, il cherche à nous ménager.

Au début, nous avons tâtonné, mais assez rapidement, nous découvrons les ficelles du métier : il faut savoir présenter des articles boucs émissaires sacrifiés à l'avance, aiguiser certaines phrases qui épuisent les foudres brandies, distinguer les sujets semés d'écueils où l'on ne doit s'aventurer qu'en louvoyant, par exemple : les attaques contre l'Allemagne, les mauvais traitements à l'égard des prisonniers, les allusions à n'importe quel état de barbarie, la nourriture, les autorités de l'Empire et du Camp.

Notre pauvre canard sauvage, après avoir échappé aux griffes de la Censure, en y laissant quelques plumes, court le risque d'être rattrapé au vol. Notre n° 13 était déjà transporté au camp, lorsque, soudain, la Kommandatur téléphone d'arrêter la vente et d'empêcher l'expédition en France. Le commandant de la Censure vient de recevoir communication d'une phrase agressive, relevée dans un article sur les sports au camp : « Et autour de tous ces sauteurs, j'en vois une multitude d'autres, qui, étendus sur l'herbe, la sautent chaque jour. » Notre dénonciateur boche, resté, paraît-il, anonyme, a expliqué qu'en argot militaire « la sauter » veut dire crever de faim. L'indignation de la Censure nous intrigue, car de pareils calembours sont les moindres de nos méchancetés. La véritable cause de cette tempête pourrait bien être l'insertion dans ce numéro d'un poème d'Hélène Vacaresco : « l'Appel aux Armes », à une époque où les journaux allemands discutent fiévreusement la possibilité de l'entrée en guerre de la Roumanie aux côtés de l'Entente. Nous aurions ainsi enfreint notre promesse de ne pas nous mêler de politique extérieure !

Un autre péril nous inquiète : ce sont les commentaires des journaux français dont les coupures sont méticuleusement classées par la Kommandatur. A la suite d'un entrefilet, paru dans un journal parisien, le commandant menace de punir de cachot tous les rédacteurs de l'*Intermède*. Mais si nous étions reconnus coupables de ruse, le Censeur qui a laissé passer les articles aurait péché par inattention ou incapacité, et nous l'entraînerions dans notre chute. Obligé de lier partie avec nous, il s'empresse de démontrer la pureté de nos intentions et la candeur de nos âmes. Le commandant, entortillé dans un écheveau de subtiles explications, s'en tire par une violente diatribe contre l'odieuse Presse parisienne, qui, pour salir la bonne réputation de l'Allemagne, n'hésite pas devant les pires calomnies.

La Censure, même si elle groupait contre nous une armée de malins interprètes, ne pourrait pas nous ligoter. Nos lecteurs, soit du camp, soit de France, sont en communion parfaite avec nous et vibrent à la moindre allusion. Ils trouvent même, sans doute, entre nos lignes plus d'esprit que nous n'en avons mis. Les Censeurs, dépourvus de cette sensibilité, agitent leurs grands ciseaux, mais ne font tomber que quelques rognures.

Nous publions en tête de chaque numéro un poème d'un grand poète français inspiré par la Patrie, l'Exil, ou la Guerre. Ensuite se succèdent les articles : causeries, contes, fantaisies, silhouettes, poésies, chronique théâtrale, sportive, etc... La dernière page est réservée à des échos sur les petits incidents du camp.

Nous employons, presque tous, des pseudonymes pour signer nos articles, mais dans les numéros exceptionnels de la Toussaint, de Noël, de Pâques, les principaux rédacteurs doivent signer de leur nom.

Je collabore, en général, sous le pseudonyme de Gilles Septi. J'ai expliqué, dans un écho, pourquoi j'avais pensé au célèbre Gilles de Watteau : Un jour, en service de surveillance à la fosse aux détritus, j'ai surpris ce dialogue entre deux Poilus chiffonniers : « La peinture du xviiie siècle est trop maniérée, à mon sens. — Mon cher, oublies-tu le délicieux peintre des Fêtes Galantes ? — Watteau. Son voyage à Cythère ne manque pas de charme. Je parle de l'original du Musée du Louvre et non de la copie qui se trouve ailleurs. Mais je comprends mal le culte que beaucoup ont voué au vulgaire portrait d'un clown ! — Moi, je l'adore et je comprends. Ce Gilles, triste, qui vient de plaisanter et de faire rire est exquis. C'est si français : de la farine aux joues et des larmes dans le cœur ! »

L'*Intermède* est composé dans une grande imprimerie de Würzburg par deux typographes français. Le directeur de l'imprimerie avait d'abord affecté beaucoup de dédain pour la petite plaquette française, mais il est devenu très affable et dévoué depuis que le nom de son imprimerie, la *Fränkische Gesellschaftsdruckerei*, a été plaisamment cité par un journaliste parisien. Il pense, sans doute très justement, que si l'ironie passe, la bonne réclame demeure.

Nous vendons 10 Pfennigs (12 centimes et demi) le numéro de 16 pages pour faire concurrence, dans le camp, à la *Gazette des Ardennes*. Cet odieux journal, rédigé par des Allemands et par des traîtres, cherche, au moyen de coupures d'articles, perfidement reproduites, à faire haïr tous les hommes qui défendent la cause de l'Entente. Il cause de grands ravages moraux dans les camps de prisonniers de guerre. Le lecteur de la *Gazette des Ardennes* ne tarde pas, suivant l'expression courante, a « avoir le cafard ». Nous avons la satisfaction de réduire presque à zéro la vente de l'immonde feuille dans le camp de Galgenberg.

La commission médicale, qui examine les candidats au départ en Suisse, fonctionne à des intervalles irréguliers.

Quelques malades sont désignés définitivement, beaucoup devront subir à Constance une contre-visite et courent le risque d'être expédiés dans d'autres camps. Tous s'efforcent de franchir le premier obstacle. Les plus habiles écrivent en France et en Suisse pour obtenir des protections, mais certains n'hésitent pas à contracter volontairement des maladies. Chaque matin, un pauvre diable demandait à un tuberculeux au dernier degré de lui cracher dans la bouche. Ceux qui ont quelques connaissances médicales se soumettent à des injections dangereuses.

Le procédé employé par un de nos camarades, peintre de talent, est plus ingénieux : il s'est passé sur la peau une teinture jaunâtre pour faire croire à une maladie de foie !

La veille des visites, il y a dans le camp de singulières orgies. Au moyen de complicités boches, grassement rétribuées, des bouteilles de mauvais alcool sont vendues aux prisonniers. On consomme le *Schnaps* en même temps que du café, très fort, additionné d'une décoction de tabac à fumer. La nuit, les Barackes se remplissent des hurlements de forcenés qui sont pris d'effroyables crises de nerfs.

A chaque départ, le camp est en rumeur. Les bagages et les malles sont placés sur des charrettes en un pittoresque désordre. En tête de file, une carriole rustique tangue sous le poids des blessés et des impotents. L'escorte, à cheval, entoure les voitures. Le cortège s'ébranle au milieu des acclamations.

Aussitôt les prisonniers valides, qui ont été acceptés par la Commission, se rangent en colonnes par quatre sur l'Alarm Platz. Ils rient, chantent, trépident, comme s'ils étaient déjà dans un wagon suisse.

Nous regardons, le visage collé aux fils de fer barbelés. Le silence succède aux cris d'adieu. Une angoisse plane sur nous tous. Enfin le commandement retentit : « *Abteilung... Marsch!* » C'est un soulagement général : les mouchoirs s'agitent jusqu'à ce que la petite troupe ait disparu derrière un nuage de poussière, rougi par le crépuscule.

Quelques prisonniers, affaissés sur les bancs, ne se sont point soulevés pour saluer ceux qui partent et qu'ils ne peuvent accompagner. Le soleil se couche derrière les collines et un mauvais génie va tirer le noir verrou de la nuit.

Non ! je ne voudrais point partir ainsi, accepter l'exil volontaire dans quelque village de Suisse, abdiquer quand j'ai encore des réserves d'énergie.

Pourtant la captivité m'est devenue insupportable. Dans le repliement de ma conscience se dissimule toute ma révolte intérieure.

La privation de liberté peut se tolérer quelque temps, mais, à mesure que les mois s'allongent, la captivité devient écrasante.

Le prisonnier a l'impression de ne plus jamais pouvoir regarder la nature qu'à travers le quadrillage des fils de fer barbelés, de ne jamais plus risquer une promenade sans que se projette à son côté une ombre noire, coiffée d'une casquette cirée, le fusil à la bretelle, baïonnette au canon.

Mais la pire souffrance, c'est de ne pouvoir être seul. L'homme a besoin de se réfugier parfois en lui-même pour ne point sentir son âme se diluer.

Ici, pas un coin, pas un abri pour goûter un peu de solitude. Quand les protestants, persécutés pour leur foi, étaient, jadis, rivés à leur banc de galère, davantage encore que des coups de fouets de leurs garde-chiourmes, ils devaient gémir de cette souffrance qui est maintenant la nôtre.

> O n'être jamais seul, la mauvaise souffrance !
> Toujours se composer le visage et le cœur,
> Cacher l'émotion sous le rire moqueur
> N'avouer à personne une franche espérance.
>
> Rester tout cuirassé d'un veule reniement,
> Casqué de scepticisme, armé de l'ironie
> Et n'attendre jamais la « relève » bénie
> Où le corps se repose et l'esprit se détend.

D'ailleurs la tâche n'est pas remplie, puisque là-bas, dans les tranchées, d'autres jeunes hommes peinent et meurent.

Ah ! qu'importent les subtiles arguties, les raisonnements captieux ! C'est une obligation impérieuse pour le prisonnier de s'évader et de reprendre sa place au front.

Je mène double existence. Ordinairement, j'affecte l'allure calme du prisonnier doué d'un bon moral, qui est décidé à attendre la fin des hostilités tranquillement, en souhaitant la victoire de l'Entente : un de nos gentils compagnons m'appelle, ironiquement, le sergent « La Patrie ».

Mais, en secret, je me tiens au courant de presque toutes les tentatives d'évasion : aucune jusqu'ici n'a réussi, car Würzburg est à 400 kilomètres de la frontière suisse et à 600 kilomètres de la frontière hollandaise. J'analyse avec soin les causes d'insuccès. Le matin, avant le réveil des camarades, je m'exerce à de longues marches autour de l'Alarm Platz.

Dans mon dénuement spirituel, je suscite la pensée de l'évasion, comme d'autres prisonniers évoquent l'image d'une femme aimée pour rassembler autour d'elle toutes leurs raisons de vivre.

DANS LES HOUBLONNIERES BAVAROISES

Je possède maintenant tous les objets nécessaires à une évasion sérieuse. Grâce à l'obligeance d'un grand blessé partant pour la Suisse, j'ai pu convenir d'une écriture secrète avec mes amis, André Parmentier et Prosper Alfaric, qui m'ont expédié de Paris, dans un colis que j'ai soustrait à la visite, une boussole phosphorescente, une carte au 300.000ᵉ et un couteau à cran d'arrêt. Je me suis procuré, en ville, un sac tyrolien, une lampe électrique et j'ai choisi dans le magasin du camp une ample capote de *Landsturm* dont le tailleur a oublié de couper la manche gauche pour y appliquer une bande jaune, insigne des prisonniers de guerre.

J'ai économisé patiemment quatre kilogs de chocolat, quatre-vingts biscuits militaires, trois boîtes de conserves, provision suffisante pour vingt jours de route.

Il y a eu, cette année, plusieurs tentatives d'évasion du camp, mais aucune n'a réussi; les fugitifs ont été repris avant d'avoir pu franchir une centaine de kilomètres.

Il est beaucoup plus habile de se faire envoyer en Kommando dans le sud de la Bavière, puis de tenter l'aventure rapidement en y déployant toute sa vigueur et tout son sang-froid.

Au mois d'août 1916, il est justement question d'un important départ de travailleurs pour la cueillette du houblon. Notre vieux capitaine a raconté au rassemblement que les volontaires seraient envoyés sur les bords du Danube, dans une riche contrée où il y a de la bonne bière et des filles aimables.

Le 24 août, à 11 h. 20, nous sommes rassemblés devant chaque Baracke. Le Feldwebel procède à la fouille. J'ai dissimulé ma carte dans une ceinture creuse, à même la peau, et suspendu ma boussole, ma lampe électrique, mon couteau dans mon pantalon.

Après une maladroite et sommaire investigation, les commandements retentissent et nous sortons du camp en colonne. Je me retourne pour dire adieu à nos Barackes qui, d'un peu loin, paraissent s'être affaissées dans la terre.

La plupart d'entre nous emportent d'assez lourds bagages. Le convoi sur la longue route s'échelonne : quelques-uns posent leur caisse à terre et s'asseoient dessus ; les *Posten,* coiffés de la casquette cirée, la baïonnette, pareille à un coutelas, au bout du fusil, tournent autour des retardataires avec les mêmes gestes et les mêmes cris que pour encourager des bœufs fatigués.

A la gare, les wagons de voyageurs où nous nous installons sont très confortables. Et, bientôt, le paysage agricole déroule ses larges champs de culture, coupés de quelques bois de sapins.

Vers la fin de l'après-midi, nous voyons fumer les hautes cheminées de Furth. Peu après, nous entrons dans la colossale gare de Nuremberg. Les sentinelles nous font ranger par quatre et notre longue colonne s'ébranle vers le camp. En route nous nous échelonnons à nouveau. Les gamins se rassemblent en criant : « *Frankreich Kapout* », mais ils s'apaisent très vite pour s'approcher en humbles quémandeurs : « *Ein zwieback, Franzose* » (un biscuit, Français), mais les Français ne se montrent pas généreux.

Les baraquements de Nuremberg sont disposés en un immense carré. Nous sommes rassemblés dans la cour intérieure où l'on nous répartit entre les différentes Kompagnies.

Les hommes valides ont été employés au travail des champs ou de l'usine. Il reste des adjudants et des sergents, des malades, des Russes et quelques Anglais.

Nous recevons une cuillère et une fourchette rouillées, un plat sale et deux couvertures. Nous nous précipitons aux cuisines pour la soupe du soir, mais le souper est très maigre : un petit morceau de saucisse de cheval sans pain. Il nous faut, à grand regret prendre un ou deux biscuits sur notre provision.

Au matin, après nous être débarbouillés, nous errons à travers le camp, curieux et disposés à tout critiquer, comme des parents en visite.

La grande tristesse des internés de Nuremberg, c'est de ne pas avoir d'horizon. Les prisonniers sont renfermés dans une cour intérieure : le ciel pèse sur les Barackes. Malgré le théâtre charmant et la salle d'étude, le camp serait pour moi le royaume de la Mélancolie, pareil au tableau du grand maître bavarois.

Un de mes camarades de Sorbonne me parle d'un sergent, garçon très énergique, qui serait heureux de s'évader en ma compagnie. J'hésite assez longuement. Enfin je finis par accepter et j'entre en rapport avec Daval, jeune sergent de la Classe 14, qui a déjà à son actif une tentative d'évasion.

On nous réunit tous devant une Baracke pour la répartition en Kommandos de travail. Le contingent du camp de Würzburg est envoyé au delà du Danube, autour du petit centre de Mainburg. Je ne peux me retenir de pousser une exclamation joyeuse.

Dans l'après-midi, je réussis à me procurer une lime, instrument qui peut rendre de grands services. Je bavarde avec un prisonnier, qui a réussi une évasion jusque dans le Tyrol où il a été repris. Il me remet une fleur d'edelweiss que j'enferme dans mon portefeuille, comme fétiche, avec l'espoir que je serai bientôt sur les sommets où s'épanouit la fleur alpestre.

Le lendemain matin, après une fouille sommaire, nous sommes rassemblés en colonne et dirigés vers la gare.

Il y a déjà beaucoup de monde dans les rues de Nuremberg. La population ne paraît pas haineuse. Les femmes sourient aux fenêtres en faisant de petits signes amicaux de la main.

Nous passons devant une statue de Saint Léonard, curieusement représenté en chevalier croisé. Plusieurs auberges, dans le voisinage, portent son nom.

J'ai un petit mouvement de joie superstitieuse : ce Saint Léonard, au Moyen-Age, était le protecteur des évadés, et, d'après son pieux biographe, il aurait vécu en Limousin, ma province natale. L'année de la guerre, j'ai bien écrit une étude hagiographique où j'avais la malignité de le prendre pour un dieu païen déguisé, mais après le grand mouvement d'union sacrée, j'espère pouvoir compter sur son indulgente charité chrétienne et son évangélique oubli des injures!

Nous pénétrons sur les quais et, à neuf heures et demie, nous sommes répartis dans des wagons aménagés. Un employé du service de la Croix Rouge passe devant nos wagons avec un seau de thé. Il nous rend notre *quart* débordant avec la phrase qu'il répète inlassablement : « *Kein Thee fur die Engländer* » (pas de thé pour les Anglais).

Le train suit la ligne de Nuremberg à Ingolstadt.

Les monts de Franconie s'abaissent et la plaine du Regnitz s'étend avec des bois de pins, des houblonnières et des villages aux tuiles rouges.

Dans notre compartiment, notre camarade Robin, accompagné d'un violon, joue des airs de marche sur son tambour. Les *Posten* écoutent, ahuris, mais comme ils n'ont pas d'ordre pour de pareilles manifestations, ils n'osent pas intervenir. Le train s'arrête quelques minutes à la petite station de Georgengemund. Le tambour roule la marche du 85e, *Sambre-et-Meuse* et la *Marseillaise*. Le chant national, d'abord murmuré s'amplifie et se propage de wagon en wagon. Les indigènes accourus, s'étonnent, s'approchent des wagons en hésitant, puis lèvent les bras au ciel : *Das sind die Franzo-*

sen! (ce sont les Français!).

Près de ma portière un vieux paysan bavarois, aux cheveux blancs, coiffé d'un large chapeau, fume de l'*Ersatz-Tabak* dans sa pipe à couvercle. Il engage la conversation avec un des *Posten* qui lui dit que nous sommes des prisonniers expédiés au travail. Le vieux raconte qu'il emploie des Russes, dociles mais paresseux, il en tire un bon rendement en leur administrant des taloches et des coups de pied. Il demande où nous allons et il pousse un soupir de soulagement en apprenant que nous descendons beaucoup plus loin vers le Sud. Lorsque le train s'ébranle, au milieu du fracas de la musique et des chants, le vieux crache par terre avec ostentation.

Nous traversons la région de Solnhofen. Entre les collines s'abritent de modestes maisons couvertes de dalles blanches.

Nous quittons cette région accidentée pour rouler dans la large plaine du Danube qui s'étend très plate jusqu'à l'horizon. Lorsque nous passons le fleuve aux eaux jaunes et tumultueuses, à Ingolstadt, je soupire joyeusement.

Nous ne sommes plus très éloignés, je pense, de notre destination et je regarde la campagne, parsemée de marais, non plus comme un touriste amusé, mais comme un prisonnier attentif qui veut analyser les formes du terrain pour pouvoir connaître les obstacles qu'il rencontrera dans les nuits d'évasion.

A la station de Wolnzach, nous nous dispersons et la partie du convoi à laquelle j'appartiens prend une voie étroite qui nous conduit au petit village de Berg où a lieu la répartition des prisonniers du groupe.

Je suis rangé avec Daval dans une escouade de sept travailleurs. Le *Posten* nous accompagne dans un *Gasthaus* où nous buvons une chope. Puis, une petite voiture vient prendre nos bagages. A droite et à gauche de la route se succèdent les houblonnières, longs rectangles verts, séparés par des coteaux coiffés de bois de pins.

Nous sommes reçus par le patron, un *Landsturm* d'une quarantaine d'années, qui nous conduit à la chambre où nous devons coucher. La fenêtre est close par des barreaux de fer, sur le sol est jetée une litière de paille, la porte ferme à l'extérieur par une serrure. Le *Posten* nous accompagne, ensuite, au *Gasthaus* du village dont la grande salle est envahie par des femmes qui fument des cigarettes en chantant : c'est le contingent munichois pour la cueillette du houblon.

Le lendemain matin, le patron vient nous réveiller.

Après nous avoir fait dépêcher une écuelle de soupe, il nous conduit à la houblonnière. Le travail n'est pas pénible : on tire à soi la tige du houblon qui grimpe en spirales le long de fils de fer verticaux, puis on détache les fleurs.

La pluie, vers le milieu de la matinée, nous oblige à nous abriter dans la maison que nous inspectons minutieusement.

Je bavarde avec deux prisonniers du camp d'Ingolstadt, employés dans la ferme depuis plusieurs semaines. Ils étaient venus avec l'intention de s'évader, mais ils y ont renoncé devant les difficultés de sortir avec leurs provisions.

L'après-midi, nous transportons des guirlandes de houblon dans la grange et nous travaillons en bavardant. Vers six heures, je peux m'absenter quelques minutes. A la hâte, je passe un pantalon de velours et je boucle nos sacs pour que nous soyons prêts à toute éventualité. Mais, après la soupe, nous sommes environnés par une nuée de gamins et continuellement surveillés par notre sentinelle, soldat grincheux et zélé, qui nous suit en grognant comme un chien de garde.

Les nuages se sont dispersés, il fait clair de lune. Les femmes sortent de la maison pour faire leur modeste toilette avant le coucher. Mes compagnons grimpent l'escalier avec la sentinelle. Je demeure en arrière pour pomper de l'eau. La dernière femme qui se lave les mains est une brune, assez agréable. Elle me demande comment je peux réussir à conserver une mine si rose dans un camp de prisonniers. Je lui réponds par quelques galanteries qui la font rire. Elle m'appuie son bras mouillé sur la joue, puis grimpe rapidement deux des marches de pierre. Une de ses amies, plus âgée, l'attend sur le palier et lui demande en riant si ça ne lui ferait pas plaisir de s'amuser avec le *Franzose* (elle use même d'une expression plus réaliste!)

Le lendemain matin, nous travaillons dans la grange. Après le repas de midi, comme le temps est définitivement au beau, nous sommes conduits dans la houblonnière. Les femmes, la tête couverte du large mouchoir bavarois, les vieillards fumant une mauvaise herbe sèche dans leur longue pipe, les jeunes gens aux habits dépenaillés, les prisonniers en bleu horizon, coiffés du képi rouge, s'égaillent dans l'intervalle des hauts rideaux de feuilles vertes. Tout le monde travaille avec ardeur, sauf les Français (*fäuler Kerls!* — paresseux compagnons!) qui versent, en cachette, une partie de leur maigre cueillette dans les corbeilles de leurs voisines, payées à la tâche.

Au cours d'une pause, je décide avec Daval de nous rapprocher de la ferme. Pendant que mon camarade fait le tour de la maison, je me précipite dans notre chambre. Je prends nos deux sacs tyroliens et une longue corde dont j'ai eu la précaution de me munir. Je monte au grenier. Je soulève une dalle. Comme le toit, sur le derrière de la maison, ne s'élève pas très haut au-dessus du coteau en pente, j'aperçois le sommet des pommiers. Je m'enhardis à passer la tête et je siffle doucement Daval. Je fais glisser un des sacs. La corde se tend, puis mollit. Je recommence la même opération pour le deuxième. Je replace les dalles et je descends.

En nous hâtant vers la houblonnière, Daval me dit qu'il a caché les sacs sous des planches, au milieu d'une touffe d'orties. Notre absence a été très courte et ne surprend personne.

Au repas du soir, nous apprenons par une femme que le patron a été chez le Burgermeister, s'est plaint du travail des prisonniers et a obtenu que nous soyons déplacés, dès le lendemain matin. Il se pourrait même que nous fussions renvoyés au camp. Nous mettons alors nos camarades au courant de notre décision de nous enfuir, le soir même. Nous sommes tous un peu nerveux et nous écoutons distraitement mon ami Peyre qui vient de se procurer un journal allemand et nous annonce que la Roumanie entre en guerre aux côtés de l'Entente.

Nous sortons dans la cour. Il fait presque nuit, mais nous sommes entourés par une nuée de gamins.

Notre camarade Flouet se charge de détourner leur attention et il nous promet, après notre fuite, de siffler très fort la *Marseillaise,* si l'éveil n'est pas donné.

Nous serons alors accroupis sous les sapins qui couvrent le haut du coteau et, tranquillisés, nous pourrons attendre la nuit complète avant de nous mettre en route. Le patron s'apercevra très vite de notre disparition, mais les camarades en riant raconteront que nous nous sommes éloignés avec des femmes. Une bonne partie de la nuit s'écoulera, sans doute, avant qu'il se décide à avertir la gendarmerie.

Nous nous esquivons au moment où personne ne nous observe. Nous prenons nos sacs dans les orties, et, en les serrant à pleins bras, nous grimpons la côte pour nous abriter sous les sapins.

Nous sommes couchés à plat ventre, haletants. Les bruits de la cour semblent formidables : un chien furieusement aboie, les gosses criaillent sur des tons suraigus, une femme rit bruyamment. L'oreille aux écoutes, les tempes battantes, nous guettons la *Marseillaise.* Mais aucun sifflotement amical ne s'élève et, angoissés, nous attendons pendant une demi-heure qui nous paraît immense.

Enfin la nuit tombe. Nous nous mettons en marche.

LES PREMIERES ETAPES EN BAVIERE

Nous traversons les champs en nous guidant sur ma boussole phosphorescente. Mais nous nous hâtons trop et nous sommes vite essoufflés. Pour ne pas perdre de temps, je choisis un point de direction dans un groupe d'étoiles, mais une chute brutale dans un trou me ramène du ciel sur la terre. C'est l'apprentissage de l'évadé. Nous nous apercevons très vite que les chutes font partie du programme : quand on sent le vide, il n'y a qu'à se mettre en boule, on arrive en bas un peu étourdi. Dans la vie normale on se romprait les membres, mais dans les circonstances exceptionnelles, une bienveillante Providence nous protège. Nous nous rapprochons d'une grande route et le moindre bruit nous fait dresser l'oreille.

Nous descendons dans une prairie marécageuse où nous avons de l'eau jusqu'à mi-jambe. Pour suivre notre direction, il faudrait traverser un ruisseau qui paraît assez profond. Je consulte ma carte en prenant soin de recouvrir ma lampe d'un mouchoir rouge et d'en dissimuler la lumière affaiblie sous ma capote. Il ne doit y avoir un pont que dans le gros village de Wolnzach.

Il est environ deux heures du matin, nous nous rapprochons des maisons. Les nuages courent sur la lune et les chiens aboient dans les cours. Je ne suis pas très suspect sous ma longue capote noire de Landsturm, mais mon compagnon, pour ne pas alourdir son paquetage a mis sa capote française bleu-horizon. Nous passons le ruisseau, grâce à la planche d'un moulin et nous pénétrons dans les rues silencieuses. Nous apercevons deux ombres : c'est un couple d'amoureux attardés. L'homme, habillé en *Feldgrau*, serre contre lui sa compagne pour qu'elle ne soit pas reconnue. Ils ont avec eux un petit roquet qui pousse deux ou trois faibles aboiements, saute aux mollets de mon compagnon, s'acharne à mordre dans les bandes molletières, heureusement fort épaisses, et s'éloigne en aboyant.

Nous sortons du village et nous nous engageons dans une épaisse forêt. Avant l'aube, nous faisons choix pour la halte d'un bouquet de jeunes pins qui se dressent en épais rideau. Nous nous allongeons sur le sol en étendant sur nous une toile de tente recouverte de branches. Pour économiser nos biscuits, nous mangeons un peu de pain K. K. avec du chocolat.

Vers le milieu du jour, je m'éveille pendant que mon compagnon dort encore. Soulevé sur le coude, j'essaie de fixer sur la carte le point où nous nous trouvons, puis je me laisse bercer moelleusement par ces neuves impressions de liberté. Un petit écureuil, la queue en trompette, s'amuse follement au-dessus de nous. Un coucou répète ses deux notes claires. L'espérance me traverse l'âme comme le mince rayon de soleil qui glisse à travers le feuillage mouillé.

La nuit suivante, nous apercevons les lumières de la ville de Pfaffenhofen. Nous grimpons sur des collines pour éviter de passer près des fermes, retentissantes d'abois furieux. Nous atteignons le plateau, et, en marchant à la boussole, nous arrivons à une voie ferrée, qui est orientée dans la direction à suivre.

Nous faisons halte dans un fourré. Il pleut sans discontinuer, toute la journée. Au moment de repartir nous titubons sur nos jambes engourdies, mais, réchauffés par la marche, nous retrouvons vite notre aplomb.

Quand la lumière blanchâtre du jour éclaire le sommet des arbres, nous avançons à travers les chênes et les bouleaux d'une haute futaie,

Nous avons trouvé, cette fois, une retraite profonde où nous pouvons nous reposer sans crainte.

Le bon soleil a chassé les nuages et ses rayons pénètrent comme des flèches à travers le feuillage. Le bois entier palpite. Les gouttes d'eau irisées hésitent d'une brindille à l'autre. Tout près, crient des faisanes.

Je quitte mes souliers, enlève mes vêtements, mon caleçon, ma chemise pour les laisser sécher et, en glissant comme un sauvage, je m'éloigne, nu, à travers les branchages enchevêtrés.

Il me semble que je me suis évadé de la civilisation pour revivre dans les premiers âges du monde. Je sens circuler un même fluide dans la tige d'herbe, dans mes artères et sous l'écorce des chênes.

C'est une frissonnante volupté de faire crier les feuilles blondes sous mes doigts, de ramper sur la mousse élastique et tiède comme de la chair. Mon sang jeune bouillonne et charrie de violents instincts. Tumultueux comme un faune, je bondis à travers les buissons qui se défendent à coups d'épines, je lacère les arbustes en riant férocement.

Je me rapproche de l'orée et, écartant doucement les branches j'aperçois, au loin, de misérables paysans et paysannes qui peinent dans les champs. Je n'ai aucune peur ; ne suis-je pas si agile qu'une balle, seule, pourrait me rattraper ! J'ai tant sauté par-dessus les buissons, tellement gambadé dans les clairières que je ne peux plus retrouver mon chemin. Le dieu des forêts perd sa magnifique force et retombe dans les angoisses d'un pauvre prisonnier ! Cependant, comme j'ai cassé des branches sur mon passage, je parviens, après une assez longue recherche, à retrouver notre cachette.

Au crépuscule, nous repartons. Nous suivons le Glon, un sous-affluent de l'Isar, et nous le traversons sur un pont de bois, près d'un viaduc. Il est difficile de marcher sous la brume noire, à travers les champs coupés de flaques d'eau.

Tout mouillés, à bout de force, vers quatre heures, nous nous arrêtons à la lisière d'un bois de pins. La marche, cette nuit, a été très pénible. Nous avons à peine couvert une vingtaine de kilomètres. Pour éviter le contact désagréable de mon pantalon mouillé, j'attache à une cuisse un grand mouchoir et à l'autre une serviette. Autour de nous, une équipe de paysans vient faucher du sainfoin.

Cette misère monotone, sous la pluie de septembre, va se répéter quotidiennement. Elle révèle, dans sa réalité grise, le véritable caractère d'une évasion. Il n'est pas besoin d'accomplir des exploits héroïques, mais il faut triompher sans cesse du découragement. Si tant d'évadés ont échoué dans leur tentative, c'est que leur ressort moral a faibli : ils n'ont pas été repris, ils se sont laissé reprendre.

Notre nourriture est insuffisante. Nous devons, chaque jour, nous contenter de deux ou trois biscuits militaires, d'un peu de chocolat et de betteraves crues, quand nous avons la chance d'en trouver. Nous n'avons pas de lampe à alcool pour préparer un liquide chaud et il serait très imprudent d'allumer du feu, dans les sous-bois.

Il est impossible de circuler, durant la journée, dans un pays où le téléphone est installé dans le moindre village et où chaque habitant est né gendarme. La longue halte est plus pénible que l'effort de la marche. Seize ou dix-huit heures, nous devons demeurer étendus à plat ventre ou sur le dos. Le froid et l'énervement nous empêchent de sommeiller. Tout mouillés, nous grelottons sous les arbustes d'où l'eau tombe goutte à goutte. Si la pluie cesse, les paysans, qui travaillent dans les champs, viennent rôder autour de notre cachette ou bien un chasseur passe et siffle son chien.

Nous ne voyons presque rien des régions que nous traversons. Privés de la distraction des paysages changeants, nous avançons dans l'obscurité humide et froide,

sans distinguer autre chose que de vagues formes,
agrandies par la fièvre d'hallucination qui s'installe peu

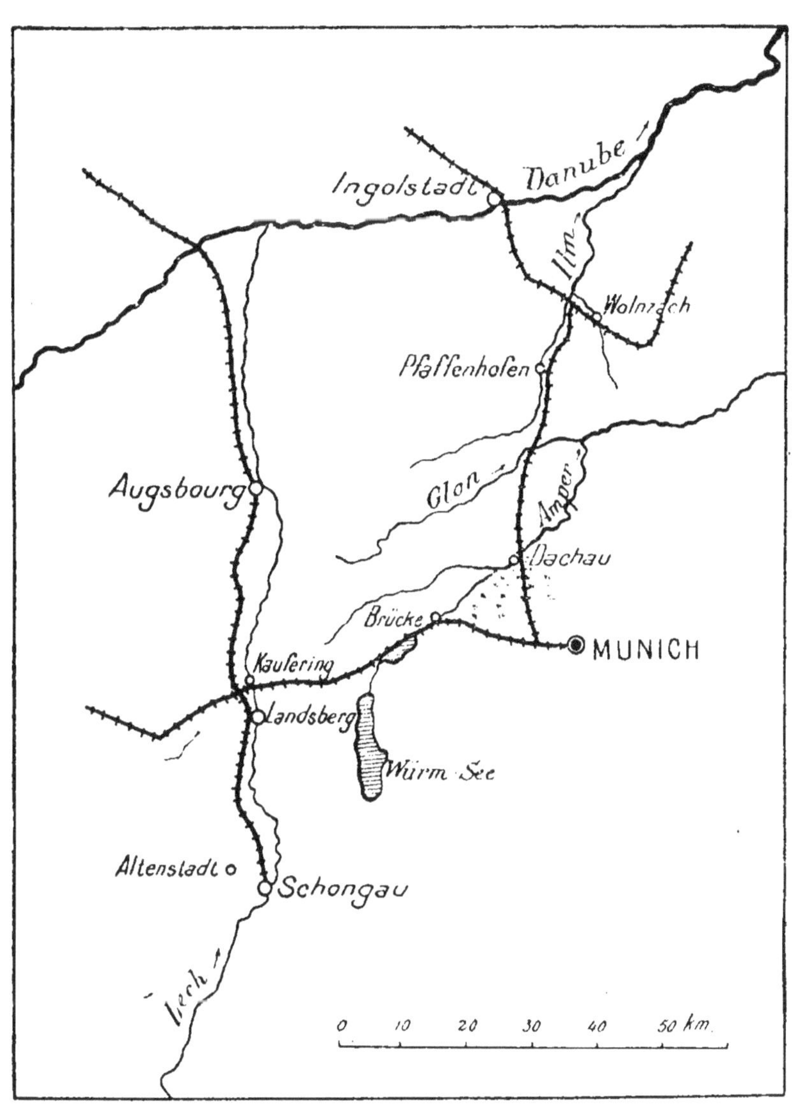

1re ÉVASION : DE WOLNZACH A SCHONGAU

à peu dans le cerveau. Les nuits se soudent aux nuits
pour composer une longue nuit de souffrance et d'an-

goisse où brille, très loin, comme une lumière clignotante, l'espoir de la délivrance.

A la station d'Inzenmoos, nous pénétrons par mégarde dans la gare et réussissons à nous échapper en escaladant à la hâte une palissade.

Une autre nuit, pour éviter la ville de Dachau, nous nous engageons sur la route d'Augsbourg. Un cycliste vient à notre rencontre. Nous sautons par-dessus un fossé. Mon camarade se cache dans un trou et comme la lumière couvre le pré d'une nappe blanche, je me jette dans un ruisseau, assez profond, où je barbote quelques instants.

Nous traversons, en nous guidant à la boussole, les prairies inondées. Il n'y a pas de bois dans le voisinage et nous avons grand'peur d'être surpris, au jour, dans ce pays découvert. Enfin, mon compagnon aperçoit des arbres à travers la brume. Après une demi-heure d'efforts, nous nous rapprochons d'une butte boisée, mais Daval ne peut plus avancer. Je prends son sac tyrolien dans mes bras et, surchargé, j'enfonce jusqu'aux genoux dans le sol spongieux. A peine cachés, nous percevons dans les prairies, en contre-bas, le sifflement des faulx. Dans l'après-midi, en m'éveillant, j'entends des voix d'enfants et de jeunes-filles, qui chantent en chœur dans un village voisin.

Nous marchons vers le Sud-Ouest en suivant une petite route. Dans un village dont les habitants sont déjà couchés, nous sommes attaqués par une bande de gros chiens que nous avons peine à tenir à distance avec nos bâtons.

La chaussée domine un pays très plat et rejoint la route qui longe l'Amper. Nous arrivons à la petite ville de Brücke. Pour ne pas perdre de temps, nous suivons la rue centrale dont les becs électriques jettent une lumière crue qui éclaire les enseignes des commerçants, comme en plein jour.

Après être sortis de la ville, nous lisons sur une borne indicatrice : Brücke 2 km. 500 et, de l'autre côté,

Landsberg 33 km. 600. Des deux côtés de la route s'étend un pays de landes, une église isolée dresse son clocher en forme de bulbe, plus loin, derrière un rideau d'arbres, brillent les lumières d'un village.

Le ciel se couvre. Cachés sous de petits sapins, près de la voie ferrée que nous avons rejointe, nous gelons comme dans une glacière. Mon compagnon m'avoue que, depuis deux jours, il souffre, sans me le dire, de douleurs violentes aux articulations.

Au crépuscule, nous nous mettons en marche le long de la voie ferrée. Le premier quartier de lune, par instants, apparaît sous les nuages sombres qui fuient dans le ciel. Il nous faut traverser le Lech, un gros affluent du Danube. Nous pourrions trouver un peu en amont, le pont de Kaufering, mais pour éviter cette ville, nous décidons de tenter le passage sur le viaduc de la voie ferrée.

Les nuages se sont amassés, il fait très sombre, il tombe une bruine glacée. Nous nous couchons sur le talus pour chercher à percevoir les pas de la sentinelle sur les planches. Comme nous n'entendons aucun bruit, nous avançons lentement, tantôt à genoux, tantôt à plat ventre. Aux haltes, je regarde en bas, écumer les eaux tourbillonnantes. Enfin, nous arrivons à l'extrémité du viaduc. Sur un côté se dresse une cahute de bois qui ressemble à une guérite. En nous retenant de temps en temps aux arbustes, nous nous laissons glisser sur la pente très raide du remblai sans qu'aucun « *Wer da!* » retentisse.

Nous rejoignons la grande route qui suit le Lech.

Nous avons, depuis peu de temps, dépassé la borne 8 km. au sud de Landsberg, lorsque mon camarade m'indique, du doigt, une lanterne qui passe, non loin, à travers les arbres. La lumière disparaît et reparaît, inquiétante comme un œil de garde forestier. Nous nous couchons dans le fossé de la route. La lumière s'éloigne ;

c'est, sans doute, tout simplement un braconnier qui tend ses collets.

La pluie recommence à tomber. Nous nous abritons dans une touffe d'arbustes. Nous avons couvert dans la nuit plus de trente kilomètres.

Je me réveille vers onze heures. Il pleut toujours, mais pareils à des éponges imbibées, nous ne pouvons nous mouiller davantage. Tout près de nous, sonnent des clochettes : ce doit être un troupeau qui passe dans le pré.

Un peu plus tard, nous entendons des voix qui se rapprochent rapidement. Nous apercevons deux jeunes filles, blondes, d'une vingtaine d'années, qui se hâtent vers les sapins pour s'abriter. Elles se dirigent, tout droit, sur notre cachette et s'arrêtent si près qu'en tendant la main nous pourrions saisir le bas de leur robe. Une d'elles raconte que son amoureux est *Posten* dans un camp de prisonniers de guerre. L'autre lui demande si elle l'aime bien. Puis toutes deux s'éloignent en riant.

A la tombée de la nuit, nous nous préparons à partir. Daval redouble d'efforts pour se traîner. Les genoux le font atrocement souffrir.

C'est la huitième nuit de marche. Nous ne sommes plus très loin de la frontière autrichienne. Mais Daval qui, jusqu'ici, a pu dommer sa souffrance est, maintenant, à bout de force. Il ne peut plus supporter cette marche sinistre, sans presque rien manger, avec la pluie continuellement sur le dos et, surtout, ces longues haltes sous ces petits arbres de cimetière dont les branches pleurent inlassablement leurs larmes glacées.

Quoique j'éprouve un pincement de cœur à quitter ce compagnon avec qui j'ai, durant une semaine, souffert les mêmes peines et caressé la même espérance, je lui demande de me laisser continuer seul.

Comme pour le consoler, je lui dis que mon effort sera vain et que, trop exténué, je ne réussirai pas à traverser les Alpes. Mais c'est de ma part, une hypocrisie inspirée par la pitié : devant le mauvais sort, coalition de la

malignité du ciel et de la méchanceté des hommes, mon
énergie s'est exaspérée et je veux, coûte que coûte, persévérer.

Nous décidons de prendre un chemin transversal pour
que Daval puisse s'arrêter dans un village. Avant d'arriver aux premières maisons, il me donne quelques morceaux de sucre et la toile de tente. Il remplace sa casquette civile par le képi qu'il avait gardé dans son sac.
Nous poussons une porte de grange où se trouve une
charrette à demi remplie de foin. Je l'aide à s'étendre.
Nous nous serrons la main en nous souhaitant bonne
chance.

A l'aube les Boches qui découvriront un sergent français dans ce coin perdu de Bavière seront d'abord bien
ahuris, ensuite, ils se douteront qu'il n'était pas seul et
leur première précaution sera d'avertir la gendarmerie
de Schongau où se trouve un pont qui est sur mon itinéraire.

Je n'ai pas repéré la route où nous nous sommes
engagés, aussi pour ne point perdre un temps précieux
à revenir sur mes pas, il faut que j'apprenne le nom du
village. Je projette la lumière de ma lampe électrique
sur les murs, mais je ne vois rien. Enfin, après quelques
minutes d'énervement, je découvre, à demi cachée sous
du lierre, une plaque avec le nom d'Altenstadt. Je traverse un ruisseau sur une planche et, après avoir con-
sulté ma carte, je marche très rapidement dans la direction du Sud-Est, par un vent violent.

En arrivant sur le rebord très abrupt du plateau, je
roule en me raccrochant aux arbustes, et tout étourdi,
je me retrouve assis en bas, près d'un canal en maçon-
nerie. Je souffle, quelques secondes, et m'aperçois que
j'ai perdu ma toile de tente. J'assure mon sac tyrolien
sur les épaules et je gagne la route.

Schongau est une vieille ville bavaroise, entourée de
hautes murailles. Je pénètre à l'intérieur : quelques

fenêtres sont éclairées. Je traverse la place publique où se trouve un bassin à jet d'eau près de l'église. Les portes de la ville doivent être presque toutes fermées et la rue où je me suis engagé n'a pas d'issue. Très surexcité je reviens sur mes pas, et pour réfléchir, je m'assieds sur le bord cimenté du bassin.

J'ai sorti mon couteau à lame courbe; je l'ouvre, en proie à une rage sombre. Les idées les plus folles tourbillonnent pêle-mêle dans mon cerveau. J'ai la sensation d'être en proie à un accès de fièvre.

Un bruit sonore me fait bondir sur les pieds : trois heures sonnent, au-dessus de moi, au cadran de l'église. Ma fureur s'évanouit à ce tintement. Je plonge mes mains moites et mon front brûlant dans l'eau froide du bassin.

Je m'engage dans une rue transversale, passe devant une boulangerie éclairée et je rejoins la route qui traverse la rivière sur un pont. Je donne tout mon effort pour grimper la côte très raide et m'éloigner rapidement de la ville.

Aux premières lueurs de l'aube, j'aperçois des bosquets très loin dans la campagne. Je suis trop fatigué pour y parvenir à travers champs. Sur le bord même de la route est creusée une carrière de sable, fermée par une palissade. J'y pénètre et je trouve une hutte. Il n'y a personne. La pluie tombe maintenant très drue. A l'intérieur de la cabane, je suis à peu près à l'abri.

J'ai une petite boîte de kola, j'en avale une cuillerée puis je mange un biscuit avec un peu de cornbeef. J'ai posé mon sac à côté de moi, et, étendu sur une grille à passer le sable, je m'endors immédiatement d'un lourd sommeil.

Lorsque je m'éveille, il me semble que je suis en proie à un cauchemar. Le souvenir peu à peu me revient et je me rends compte que j'ai été très imprudent de m'être arrêté si près de la route.

A l'instant précis où cette idée me tourmente, je regarde par un trou de la cloison. La barrière bouge.

Mon angoisse grandit : quelqu'un va venir. Soudain, la barrière cède. Un chariot conduit par un homme et escorté de trois gamins de quinze à seize ans, pénètre en grinçant dans le chantier. Je demeure, une seconde, pétrifié, mais précipitamment, sans réfléchir, je place mon sac sur les épaules, prends mon énorme gourdin et je me précipite à la rencontre des intrus. Je crois qu'en me voyant surgir, ils ont une frayeur plus grande que la mienne : une barbe hirsute, des vêtements boueux, un gourdin, forment un ensemble peu rassurant. L'homme retient son cheval, les gamins se sauvent derrière le chariot et personne ne répond à mon « *Guten Tag* » (bonjour !).

Je coupe à travers champs pour ne pas indiquer ma direction de marche à deux des gamins qui me suivent de loin. Je croise des gens qui travaillent et se relèvent pour me regarder passer. Les gamins, bientôt, ont abandonné leur poursuite.

Il pleut maintenant à torrent. J'entre dans une sapinière, j'enlève mon manteau, le pose sur mon sac et m'assieds dessus pour que mes biscuits ne soient pas transformés en bouillie. Je demeure ainsi accroupi, grelottant, avec l'eau glacée qui me coule le long de l'échine.

Quand la pluie est un peu calmée, je me remets en marche. Le sol est spongieux, bosselé par endroits par des amoncellements de tourbe. Je pénètre dans une cabane en bois, remplie à moitié par des mottes.

Je suis accroupi dans un coin obscur, à demi somnolent. Soudain, une ombre fantastique se présente dans l'embrasure de la porte : c'est un être au visage noirci, aux vêtements ruisselants, coiffé d'un chapeau haut de forme et armé d'une tige de fer. Ce fantôme de cauchemar se tient immobile, pareil au génie des tourbières. Mais à un tintement de la tige sur une ferrure, je bondis instinctivement et me précipite vers la sortie. L'ombre fait un saut en arrière.

Je cours à travers les marais, m'enfonce jusqu'aux

genoux et n'avance qu'en me raccrochant aux herbes et aux joncs. Enfin, hors d'haleine, je trouve un terrain plus ferme et m'assieds au bord d'un ruisseau dont je regarde machinalement tourbillonner l'eau jaunâtre.

A la nuit, je me décide à manger un doigt de chocolat avec un biscuit détrempé. Je me remets en marche et après quelques instants j'ai rejoint la route.

Je réfléchis à la scène fantastique de l'après-midi. Malgré la fatigue et le manque de nourriture, je ne crois pas avoir été victime d'une hallucination. Le fantôme devait être un homme en chair et en os. Le chapeau haut de forme est porté, en Bavière, par les ramoneurs, ce qui nous amusait beaucoup à Würzburg. Ce tuyau de poële doit aussi servir d'insigne aux ouvriers des tourbières !

Il ne pleut plus. Le paysage est pittoresque : partout murmurent des ruisselets qui tombent en cascades.

A la sortie du hameau de Buchingen, j'aperçois un homme à la moustache blanche, immobile près d'une porte d'étable. Comme il est environ deux heures du matin, ce doit être un pâtre qui se prépare à conduire ses bêtes au pâturage. Je lui dis « *Gruss Gott* » très rapidement. J'entends derrière moi un pas léger : c'est le vieux qui me piste. J'accélère et quand je suis un peu époumonné, je me retourne et je vois, assez loin, le berger appuyé sur son long bâton, au milieu de la route.

Les masses amoncelées dans le ciel, que j'avais prises d'abord pour de gros nuages, se détachent maintenant en crêtes de montagnes, baignées d'une vapeur blanche.

A l'aube, je m'arrête près du petit lac de Ban. Je gravis une pente boisée et je découvre une cabane aux trois quarts remplie de foin. Je ne peux y pénétrer qu'en me hissant jusqu'à l'ouverture sous le toit.

Je m'étends et commence à sommoler. Mais, mes yeux, involontairement, se posent sur deux haches, fraîchement aiguisées, dont le manche est appuyé sur un rondin. J'ai beau baisser les paupières, je les vois toujours. Dès que je commence à somnoler, je souffre au sommet du crâne, comme si mon sang fuyait par une entaille. Je me décide enfin à sauter hors de la cabane pour prendre les deux haches et les enfouir dans le foin, à côté de moi. Au moment où j'ai été fait prisonnier, un Boche, écumant et puant l'éther, me serrait contre le talus de la tranchée en agitant une hache sur ma tête. Je suis sans doute hanté par ce souvenir.

Je dors, bien au chaud, jusqu'à trois heures de l'après-midi. Je descends faire un peu de toilette dans l'eau d'un ruisselet, puis je prépare mon itinéraire pour passer la frontière autrichienne, dans la nuit.

Les nuages s'effilochent à l'horizon et la lune se balance dans le ciel bleu clair, sur ma gauche se découpent les montagnes, sur ma droite la prairie a disparu sous la vapeur ouatée.

A un carrefour, je m'arrête devant un grand crucifix. Les sentiments pieux de mon enfance m'envahissent et j'ébauche le signe de croix du naufragé. Soudain, il me semble entendre dans le brouillard un pas léger sur l'herbe. Je marche plus vite, le mystérieux passant accélère aussi. Je m'arrête, le bruit cesse. L'angoisse m'envahit et je commence à courir comme un fou. Mais, dans la prairie, l'être étrange court en se maintenant à ma hauteur. Lorsque à bout de souffle je m'arrête, il s'arrête. Le mieux est de mettre fin à cette terreur. J'ouvre mon couteau et je me précipite sur mon épouvantail. Je distingue vaguement des cornes et quatre pattes : c'est une jeune vache d'un troupeau, qui s'est amusée à me suivre dans ma course.

Mon intention était de me rapprocher du petit lac Alpen-See et de gagner l'Autriche en marchant dans les bois. Mais j'ai croisé une route qui conduit à Füssen, dont j'aperçois déjà les lumières. J'avance rapidement à pas feutrés. Soudain, des arbres se détache une ombre, le fusil sur l'épaule, coiffée d'un casque à pointe. Malgré la surprise je demeure calme. Je m'arrête militairement et je clame d'une voix sonore : « *Gute Nacht, Posten* » (Bonne nuit, sentinelle !). Le Posten joint les talons dans un garde à vous impeccable en faisant claquer ses bottes. Sans aucun doute, à demi endormi, il m'aura pris, en voyant briller les boutons métalliques de mon manteau, pour un officier.

J'arrive au pont qui doit me conduire au centre de la ville, mais l'émotion, refoulée à l'apparition de la sentinelle, remonte et ne me quitte plus. Je grimpe précipitamment à gauche, dans un jardin public et je me cache dans un massif. Pareil à une bête traquée, j'y demeure longtemps en faisant des efforts désespérés pour reconquérir mon sang-froid. Je redescends à travers les massifs et je rejoins la route du Lech.

Sur le bord du talus, j'aperçois une ombre près de la masse noire d'une guérite. Comme je suis bientôt à hauteur, je prends le pas gymnastique. « *Halt! Halt!* » et j'ai la vision de l'homme qui enlève précipitamment le fusil de la bretelle. J'enfonce la tête dans les épaules et je passe comme une trombe en criant je ne sais pourquoi : « *Kein Angst! Posten!* » (Aucune peur, sentinelle). A une centaine de mètres je ralentis. Je n'ai entendu aucun coup de fusil et j'ai l'impression que l'homme a roulé dans le fossé de la route en reculant pour épauler.

Je commence à gravir une pente très abrupte. Mon pied gauche, meurtri au talon, me fait horriblement souffrir. Je suis comme enveloppé d'ombre et de douleur. Un chien aboie et hurle dans le voisinage. Je monte toujours en m'épuisant dans un pénible effort. Je pousse des han! han! comme pour me hisser et je répète bêtement quand je m'arrête : Golgotha! Golgotha! Enfin je fais la pause dans un endroit plat où je tâte des troncs d'arbres. Je m'affaisse, grelottant de froid et de misère.

A TRAVERS LES ALPES DU VORARLBERG

Au matin, une faible clarté annonce l'arrivée du jour. Je me lève et, en trébuchant, j'arrive jusqu'à l'alpage. Le spectacle est magnifique : les vapeurs colorées par les rayons obliques traînent leurs écharpes autour des pics; en bas, dans la vallée, le Lech déroule ses méandres.

Vers neuf heures la montagne se remplit d'un bruit de clochettes et une alerte « tyrolienne » s'élève de la vallée. Enfin, voici le soleil, le bon soleil tant souhaité ! Il a fini par escalader la barrière des sommets et il prodigue généreusement ses rayons.

C'est aujourd'hui le neuf septembre, onzième jour de mon évasion. Encore quelques dures journées et je passerai la frontière suisse ! Avec la carte je situe l'endroit où je me trouve. Je suis sur la rive droite du Lech, j'aperçois dans la vallée les villages d'Ob et de Musau et, à l'Est, le Sauling (2.047 m.) et à l'Ouest le Breuten (2.000 m.).

Je passe la journée à dormir et à faire sécher mes provisions.

Je veux me mettre en marche après le crépuscule. La lune se balance dans un ciel bleu pâle, éclairant, au-dessus des vallées noyées dans une vapeur blanche, les versants sur lesquels les moindres objets se détachent nettement.

J'hésite à dévaler par peur des gens du proche village qui pourraient s'étonner de voir descendre du ciel ce mystérieux pèlerin. Enfin, je me précipite le long de la pente et je disparais, bientôt, dans la brume épaisse, pendant que les chiens aboient. Je passe près d'une chapelle, illuminée et charmante comme les églises des naïfs Noëls. Peu à peu, les appels et les voix ne résonnent plus à mes oreilles et je fais halte sur le bord du Lech.

Je marche dans le fond de la vallée, l'oreille aux aguets. Soudain je m'arrête, retenant mon souffle. Je me laisse aller sur les genoux, m'étends à plat ventre et demeure immobile. Des bruits mystérieux pareils à des sifflements paraissent me cerner. Je cherche à distinguer quelque chose à travers la brume, sans avoir le courage de me soulever. Tout proche, j'aperçois un éclair brusque qui disparaît dans l'herbe avec un sifflement mou, puis reparaît pour disparaître à nouveau. Plus loin, j'entends d'autres sifflements. Mon cœur, malgré un violent effort de volonté, se serre d'angoisse. Brusquement se présente l'image d'un faucheur qui balance sa faulx. Ma peur tombe et je m'éloigne en rampant. Sans doute, j'ai été entouré par des paysans laborieux qui, pour rentrer l'herbe le plus rapidement possible, sont venus faucher au clair de lune.

Toute angoisse s'est évanouie. Je marche silencieusement sur la prairie. A ma gauche, un peu au-dessus de la ligne des crêtes, la planète Jupiter bouge au flanc d'un troupeau d'étoiles que garde la lune étincelante. La douce nuit d'automne pénètre dans mon cœur. Alors une voix s'élève du fond obscur de ma conscience : « Où vas-tu? Tu vas te battre. Pourquoi? Respire l'air calme et pacifique de la montagne et ne te mêle pas aux méchantes querelles des hommes. » La voix m'enveloppe dans ses modulations, impalpables et blanches comme ces brouillards qui m'entourent. Moi qui ai tant souhaité revoir ma Patrie et sentir la caresse d'une main de femme sur mon front, je ne désire plus rien. Je voudrais seulement me laisser glisser sur l'herbe et pleurer des larmes silencieuses, en regardant le ciel.

Le sentier grimpe maintenant à travers un bois obscur de pins. Je presse, de temps en temps, le bouton de ma lampe électrique pour regarder pieusement des images de saints dans les niches aménagées aux parois du rocher.

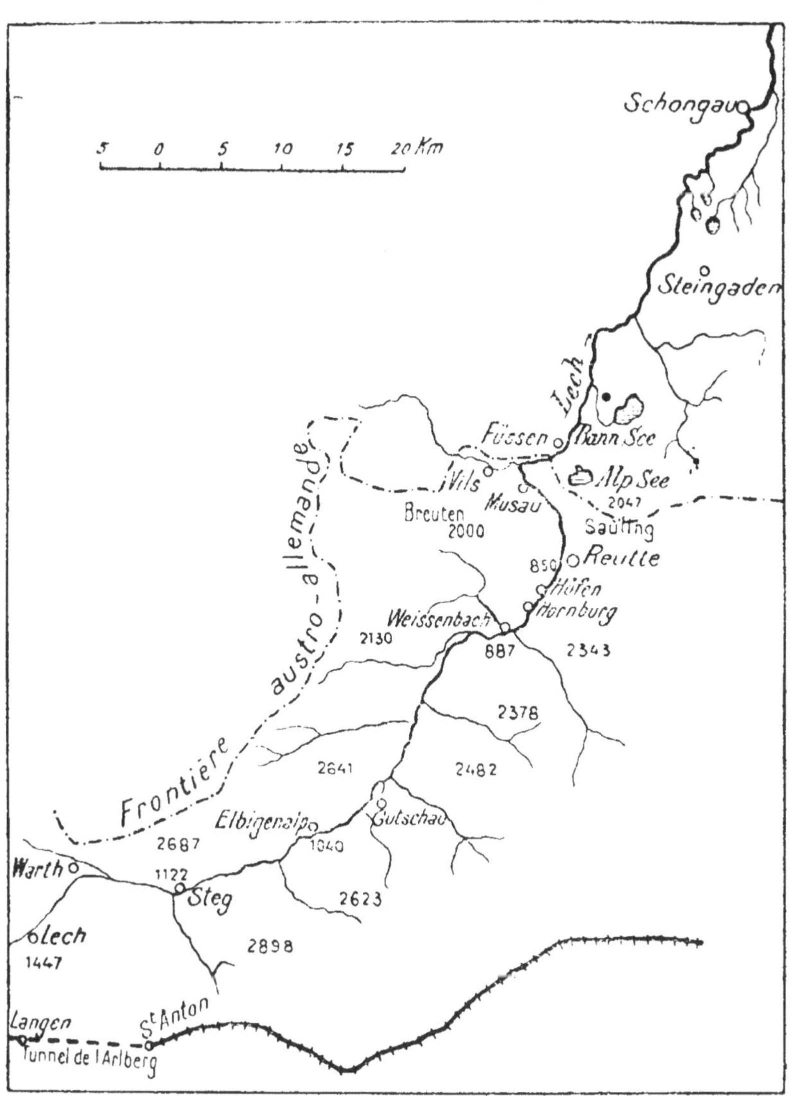

1re ÉVASION : DE SCHONGAU A WARTH

Je rejoins le Lech à un coude. Je m'assieds sur un tronc d'arbre et je regarde le torrent qui déroule ses anneaux brillants et sombres. Je ne peux réussir à m'absorber dans cette vision merveilleuse, la voix intérieure se réveille comme si j'étais hanté par le démon de la Montagne. La guerre!... la lutte atroce dans la boue, les horribles scènes des Éparges! Je me revois brutal, sauvage, piétinant des blessés, les nôtres, et je m'entends ricaner devant cet ennemi qui se traînait lamentable avec de grosses larmes dans ses yeux fous. Alors, je veux revivre ces abominables scènes parce que je suis victime de la folie collective! Le mensonge, partout le mensonge, dont rien ne dépasse l'énormité si ce n'est la naïveté des hommes!

Ainsi me parle la voix. Je voudrais me débattre, lutter, mais je suis entouré d'influences ennemies qui ont amolli ma force. Une poignante désolation m'envahit, je doute de moi, je doute de ma Patrie. C'est une agonie spirituelle.

Je parviens à m'arracher à cette obsession et je me remets en marche. Je laisse à ma gauche Reutte illuminée par des becs électriques.

Après avoir passé le Lech sur un pont, je traverse les villages d'Am-Lech, Hofen, Hornburg. Les maisons, jolies et d'un aspect cossu, sont reliées à la route par des passerelles jetées sur un canal où l'eau court en murmurant.

Malgré les abois des chiens, je maraude quelques pommes que je croque rapidement en continuant à avancer. J'arrive au village de Weissenbach où le Lech se divise en une multitude de bras dans un large cirque. Je m'arrête à plusieurs reprises pour bien distinguer la remarquable forme en auge de ces vallées profondes, rabotées par les glaciers.

Je gravis un sentier sous les sapins, lorsque, soudain, retentit un cliquetis métallique. Un homme de taille athlétique vêtu d'un uniforme autrichien arrive d'un pas rapide et brusque. Il m'aperçoit trop tard et, entraîné par l'élan de la marche, il ne se retourne qu'après m'avoir dépassé de quelques mètres. Il me crie quelques phrases, d'une voix avinée, dans un patois où je distingue : « Eh bien, compagnon, n'es-tu pas de retour du front. » Je réponds sans me retourner : « *Net.* » — « *Also* », crie l'homme sur un ton stupéfait et il recommence à descendre la pente.

Claquant des dents, perclus, je m'accroupis dans une sapinière pour attendre le lever du soleil dont quelques rayons dorent, enfin, le sommet des arbres.

Après avoir graissé mon talon sérieusement écorché, je marche, à travers bois, jusqu'à un endroit où la pente se redresse en un immense bloc de rochers qui surplombe.

Je me lave les mains à un ruisseau, puis je mange avidement deux biscuits et du chocolat.

Autour de mon manteau, étendu sur la mousse épaisse, circulent des myriades de fourmis. Mais je suis tellement fatigué que je n'ai pas le courage de changer de place. Mes paupières s'alourdissent, le sommeil amollit mes membres.

Je ne m'éveille que tard dans l'après-midi. Le ciel, si pur au matin, s'est assombri. Les nuages noirs courent rapidement en se déchirant au pic qui se dresse au-dessus de ma tête. J'allume des brindilles de sapin qui flambent avec une flamme claire. Je rassemble les braises pour cuire quelques patates et préparer du café. Mon eau commence à peine à chanter que de lourdes gouttes de pluie s'aplatissent sur le feuillage. Elles croulent bientôt en larges nappes pendant que des coups de tonnerre se répercutent d'écho en écho.

Quand je sors du sous-bois où l'obscurité était dense, la pluie a cessé. Je trouve au bord d'un sentier une chapelle en pierre, pas plus grande qu'une cabane. Une minuscule vierge coloriée est posée sur l'autel en bois, quelques ex-votos sont accrochés aux murs. Je me repose à l'abri. Avant de partir, avec un geste enfantin et machinal je glisse, derrière une plaque, une feuille de mon carnet avec mon nom et la date de mon passage.

Vers trois heures du matin, j'arrive à Gutschau, village situé dans le fond de la vallée. Un pré s'étend derrière chaque ferme jusqu'à la montagne qui se dresse très abrupte.

Je trouve le lit d'un torrent encombré de cailloux. Après l'avoir remonté, j'étends mon manteau sur une large pierre plate et je somnole jusqu'au jour.

En me réveillant, j'aperçois, en face de moi une crête avec de la neige au sommet. Je cherche en vain à allumer du feu sur la pierre avec des débris de bois entraînés. Quelques gouttes de pluie viennent s'écraser autour de moi. En m'accrochant aux branches, je grimpe la pente et m'arrête sous les racines d'un gros sapin. Je suis bien abrité mais ma position est assez instable. Pour ne pas glisser dans le torrent qui gronde en bas, je m'attache, avec un mouchoir, par le bras gauche, à une grosse racine. Je me repose ainsi un peu, mais je n'arrive pas à fermer l'œil.

Pour passer le temps, j'écris mes notes quotidiennes, et j'y ajoute cette réflexion : « Sans la pluie, la traversée de ce pays pittoresque serait, quoique dure, très attrayante, mais recevoir de l'eau tous les jours, ne pas dormir, c'est une dure épreuve. Espérons que j'en serai récompensé ! »

Je rattache mon sac et m'accroche aux herbes pour grimper la pente jusqu'à un sentier. Les chansons militaires par bribes me reviennent à la mémoire. Je les fredonne et j'en suis tout ragaillardi.

Vers quatre heures, dans un endroit très retiré, j'allume du feu avec des brindilles de sapin. Je place sur la braise quelques patates et je les dévore sans avoir la patience d'attendre qu'elles soient cuites.

A la nuit, je redescends le long des pentes vers la vallée. Je dépasse Stüg, vers deux heures du matin.

Il a plu encore durant toute la nuit. Au matin, j'entre dans une baraque en planches, où les paysans abritent le foin. Je mange deux biscuits et du chocolat. Je cherche à somnoler, mais je suis dévoré par une ardente fièvre. Je réfléchis qu'après une journée de repos, tout mouillé, je serai tellement courbaturé, qu'il me sera peut-être impossible de marcher. Il faut donc, à tout prix, que je prenne du mouvement, mais j'ai les jambes trop engourdies pour descendre les pentes et escalader les rochers. Je n'ai plus qu'à trouver un sentier et à le suivre à petits pas. Ce sera la première fois que je voyagerai durant le jour.

Je rejoins une route très pittoresque accrochée à la paroi des rochers au-dessus d'un torrent.

Les nuages se sont un peu dissipés. Je m'assieds sur une pierre pour manger deux biscuits et quelques pommes, puis, très lentement je me remets en marche.

Soudain, à un détour de la route, arrive sur moi un soldat autrichien, la carabine à la bretelle et la pipe en porcelaine à la bouche. Il est certainement en service. Je jette un rapide coup d'œil autour de moi : impossible de fuir. Il m'aborde et m'interroge en un allemand assez correct :

— Qui êtes-vous?

— Un instituteur suisse de Lausanne, en vacances.

— Où allez-vous?

— Je visite la région.

— Avez-vous vos passeports?

J'ouvre mon portefeuille et après avoir fait semblant de chercher, je réponds :

— Je les ai laissés dans l'auberge où je loge, à Stüg.

Il touche un des boutons métalliques de mon manteau :

— Mais vous avez un manteau militaire.

— Je l'ai acheté à Bludenz. C'est très bon contre la pluie.

Je vois bien à sa mine que je demeure suspect. Il réfléchit, puis mettant sa carabine dans la main, il dit impérativement :

— Vous donnerez des éclaircissements au Feldwebel. Marchez devant.

Pendant que nous avançons, je songe avec un peu

d'amertume que la nuit suivante je me serais préparé à franchir la frontière suisse. Je m'étonne de n'avoir ressenti qu'un léger pincement au cœur quand le soldat m'a abordé. Je ne suis pas désespéré, il me semble que cette arrestation n'est pas sérieuse et que je réussirai à continuer mon évasion.

Après une centaine de mètres, l'homme à la carabine siffle et un autre soldat autrichien qui travaille tout près vient le rejoindre, une pioche sur l'épaule. Ils bavardent avec animation. Le soldat qui m'a arrêté dit à l'autre que je dois être un déserteur ou un Russe évadé. Alors, obéissant à je ne sais quelle impulsion, je me retourne et dis nettement : « *Ich bin ein Franzose!* » Les deux hommes ont un sursaut de stupeur.

Nous arrivons au poste de Warth. Des soldats autrichiens sortent à notre rencontre et me regardent avec curiosité.

Je pénètre dans une salle de corps de garde où se trouve un Feldwebel. Les soldats qui se pressent à la porte finissent par envahir le bureau. Le Feldwebel m'interroge brièvement en langue allemande. Je lui dis que je suis Français, prisonnier de guerre et évadé du camp de Würzburg en Bavière. Il cherche l'emplacement de cette ville sur une carte murale à grande échelle, mais comme il ne réussit pas à mettre le doigt dessus, il s'imagine que je cherche à le berner. Je tire alors de mon sac tyrolien mon képi rouge que j'ai eu la prudence d'y glisser pour ne pas être pris pour un espion.

Je suis assez inquiet parce que je cache dans une des poches de ma veste ma boussole, la partie de la carte où se trouve la frontière suisse et mon couteau. Les deux soldats qui se sont approchés de moi ne me font pas délacer mes souliers. Ils tâtent le pantalon de velours et n'y sentent aucun objet suspect. Une idée ingénieuse me traverse l'esprit. Je me penche rapidement sur le sac tyrolien et j'en retire une plaque de chocolat. Je dis d'un air patelin : « *Es ist französische Schocolade* » (c'est du chocolat français). Tous se pressent comme des enfants, même le Feldwebel. Je profite du mouvement pour retirer, d'une main preste, ma boussole, ma carte, mon couteau que je glisse dans mon pantalon qui est serré dans le bas par de petites guêtres en cuir. Les soldats, après avoir grignoté le chocolat, bavardent entre eux. Les deux hommes retournent les poches de ma veste, tâtent les coutures et inspectent ensuite le sac tyrolien. Le Feldwebel place dans un panier les débris de carte, la lampe électrique et il dresse un inventaire en spécifiant : *Keine Waffe, Kein Kompass* (aucune arme, aucune boussole).

On me fait asseoir dans une salle où logent les soldats autrichiens qui me donnent un morceau de pain que je mange de bon appétit. J'espère bien passer la nuit ici, mais une heure après, un soldat se présente chargé d'un sac et armé d'un fusil, baïonnette au canon. Il doit me conduire à Langen où nous prendrons le train pour Bludenz qui est à la même hauteur, plus à l'Ouest.

J'avance avec une lenteur infinie, mais peu à peu mes jambes se réchauffent et je peux suivre mon gardien. C'est un brave garçon qui bavarde sans que je lui réponde grand'chose. Il a perdu un doigt, en Galicie, il est *Posten* à Warth et il se réjouit d'aller à Bludenz où il demeurera huit jours en permission.

Moi, pendant ce temps, je cherche à trouver une combinaison pour lui brûler la politesse, mais malheureusement, j'ai l'impression de n'avoir plus pour jambes, tellement la fatigue les raidit, que deux piquets de bois. A tout hasard, j'ai prétexté le besoin de m'arrêter pour remettre dans ma poche, la carte et la boussole.

Le chemin de montagne s'engouffre dans un tunnel. Mon *Posten* a l'imprudence de passer devant moi en tenant son fusil horizontal, baïonnette en avant. Je tâte dans ma poche et le couteau me brûle les doigts. C'est pourtant simple et sauvage, bondir et plonger la lame courbe dans la gorge. Mais, j'hésite, je ne sais au juste pourquoi? La fatigue? le dégoût du geste? la peur d'être repris? le sourire confiant de cet homme? En arrivant de l'autre côté, j'ai la figure tellement décomposée que mon gardien me demande si je suis malade. Je lui réponds en détournant le regard, car je crois que j'ai encore dans les yeux la pensée homicide.

Nous arrivons aux dernières maisons du village de Lech, lorsque nous rencontrons un touriste, correctement vêtu, le visage rasé. Il me demande d'où je viens, en un français à peu près correct. L'espérance est vivace au cœur d'un évadé. Je ne peux retenir un sursaut de joie à l'idée que cet homme, un Américain, sans doute, pourra me secourir.

Il invite la sentinelle à entrer avec moi dans un Gasthaus. Mais mon illusion s'évanouit quand il se présente : Herr Beutte, médecin militaire à Dantzig. Il me raconte qu'il est en vacances dans le Tyrol pour soigner une maladie de poitrine.

Après quelques mots sur mon évasion, il me fait porter une tasse de café au lait et il engage une discussion sur la politique générale. Il m'annonce que les Roumains, qui viennent d'entrer en guerre, sont déjà battus aux bouches du Danube, et il prévoit, à bref délai, l'écrasement de l'armée Sarrail. Comme il y a quatorze jours que je suis dans les bois, je ne sais absolument rien, mais je souris d'un air sceptique. La discussion moitié en allemand, moitié en français, dans le lamentable état physique où je me trouve, après ces nuits de marche et de fièvre, sans presque rien dans le ventre, me fatigue au point que je ne vois plus clair. Mais mon interlocuteur développe les théories pangermanistes et je lui tiens tête désespérément, d'une voix rauque, en frappant sur la table du plat de la main.

Lorsque je repars avec la sentinelle, le crépuscule brumeux enveloppe la route. Nous traversons Stuben où se trouve un poste important de soldats.

Nous arrivons vers neuf heures, à la station de Langen. Le chef de gare, qui vient d'échanger quelques mots avec la sentinelle s'avance vers moi : « Vous êtes Français ? » — *Ia,* dis-je brièvement, bien décidé à ne pas engager de discussion avec ce jeune fat, coiffé d'un haut képi rouge, et qui se dresse sur les talons comme un coq. « Ah ! s'exclame-t-il, en un français très martelé, les brisonniers traversent l'Allemagne, mais chez nous imbossible de passer. Nous autres Autrichiens, nous avons de la force. Imbossible de passer. » — « Impossible, c'est pas français. » Honteux de paraître ne point posséder à fond la langue, il devient rouge comme son képi : « Je dis imbossible, himmbossible, *unmöglich.* » Il ferme les poings et me jette avec une colère méprisante : « Je n'aurais jamais cru que la France ferait la guerre à l'Autriche. » Puis il s'éloigne, frappant du talon et bombant le torse.

Nous montons dans un compartiment de militaires qui reviennent du front. Ils interrogent la sentinelle sur mon compte. Quoiqu'ils n'aient jamais rencontré de soldats français, habitués depuis des mois à voir des choses étranges, ils ne s'étonnent pas comme des civils. Mais dès que le train roule, ils commencent la discussion sur la guerre : « *England ist schuldig, etc.* » (l'Angleterre est coupable, etc.) Mes paupières lourdes retombent et je m'endors.

LES CACHOTS
ET LE RETOUR AUX BARACKES

Sur le quai de la gare de Bludenz, deux *Posten* m'attendent, baïonnette au canon. Nous traversons quelques rues de la ville et nous nous arrêtons devant une maison aux volets clos. L'un des *Posten* sonne. La fenêtre du premier étage s'ouvre et un énorme molosse, les deux pattes sur l'appui, aboie furieusement. Un vieillard à barbe blanche passe la tête et crie qu'il descend nous ouvrir. Le vieux me guide dans l'escalier; au dernier étage, il ouvre une lourde porte à ferrure, me fait entrer et referme.

Je me déchausse, allonge sur une mince paillasse mes jambes raidies, et, bientôt le bon sommeil réparateur m'enveloppe plus voluptueusement que du linge frais.

Je suis réveillé par un bruit de guichet violemment secoué. Une voix féminine crie : « *Sind sie tot?... Auf!* » (Etes-vous mort?... Debout!) Il fait jour. C'est la fille du geôlier qui m'apporte du café au lait et du pain. C'est incroyable comme l'*Ersatz Kaffee* et le pain gris peuvent être bons! Un *Posten* vient me chercher pour me conduire à la Kommandatur. Je suis interrogé par un vieil *Hauptmann,* puis par un *Leutnant.* Au corps de garde, je mange de la soupe, du macaroni et un peu de viande. A peine suis-je réintégré dans la geôle que la jeune femme vient me porter deux pommes. Elle me dit que son mari est prisonnier en Russie.

Dans l'après-midi je suis conduit, à nouveau, à la Kommandatur où je suis photographié. J'ai compris aux paroles de l'*Hauptmann* que je ne serai pas gardé en Autriche, mais transféré, sous peu, en Allemagne.

J'arpente mon cachot. La nuit de repos et la nourriture m'ont rendu ma vigueur. Sans la brûlure de mes talons écorchés, je me sentirais tout à fait dispos. Je suis à peine à 25 kilomètres de la frontière suisse que je pourrais passer en deux nuits. Mais la porte de la geôle, lourde, ferrée est inébranlable. La fenêtre pratiquée entre des pierres de taille est si étroite que je peux à peine y passer la tête. Je tourne alors dans ma cage comme une bête exaspérée. J'ai gardé un crayon à encre et je trace sur le mur des inscriptions exaltées : « Macte animo, pro patria » « Tout pour la France. — Je veux te revoir, Patrie bien aimée ! » Comme je suis en train de graver, avec mon couteau, les inscriptions, j'aperçois des enfants qui jouent dans la rue et, en me haussant, je découvre sous ma lucarne un toit d'où je pourrais gagner la rue. Il suffirait pour fuir de percer le plafond du cachot. Je quitte mes souliers et me couche sur ma paillasse pour me reposer avant d'agir.

Quand je me réveille, il fait complètement nuit. Je frotte une allumette sur une boîte qu'on ne m'a pas enlevée : il est onze heures. Toute la prison est silencieuse. Je me lève et, avec la lame de mon couteau, j'attaque le plâtre du plafond : je le détache par plaques que je pose sur le plancher pour ne pas faire de bruit. J'atteins des lattes de bois, je les entaille avec le couteau et les brise. Il me semble que je n'ai plus qu'à étendre la main pour soulever les tuiles et voir le ciel étoilé. Grimpé sur la tinette je passe mes deux poings dans le trou, mais je rencontre une surface résistante. O désespoir ! ce sont des planches. Avec mon couteau, j'essaie de les entamer. Mais je briserais la lame plutôt que d'y pratiquer la moindre ouverture. Je me jette sur ma paillasse, en proie à une épouvantable crise de colère et d'angoisse. J'ai la tentation de m'ouvrir la gorge d'un coup de couteau. Puis, en haletant, je sanglote avec des larmes de rage et, peu à peu, mes nerfs s'apaisent.

Je suis tiré de mon sommeil par les clameurs du

geôlier : « *Stehen Sie auf! Sogleich... Sie fahren nach Deutschland!* » (Levez-vous!... Tout de suite. Vous partez pour l'Allemagne).

La porte s'entrouvre et l'homme projette sur moi la lumière d'une lanterne sourde. Je bondis, immédiatement, et jette sur le plancher, où se distingue la tache blanche du plâtre, mon grand manteau de *Landsturm*. J'enlève le couvercle de la tinette qui n'a pas dû être vidée depuis plusieurs jours. Le bonhomme recule jusqu'à la porte en poussant des grognements et en m'injuriant.

Je me prépare à la hâte sans qu'il s'aperçoive des dégâts et, quelques minutes après, il me remet à la garde d'un *Posten* autrichien, un vieux territorial à la barbe taillée en pointe, qui me conduit à la gare.

Nous arrivons à Lindau, située dans une île du lac de Constance, à quelques kilomètres de la Suisse. Je suis escorté jusqu'à la prison civile, un vaste bâtiment à lourde porte.

Le geôlier est une espèce de géant, habitué à traiter brutalement les meurtriers et les voleurs. En ricanant des injures contre les Français, il me fait déposer mon sac tyrolien qu'il examine sommairement, mon manteau qu'il tâte, ma veste dont il vide les poches, mes chaussettes dont la laine est collée à la chair.

Je suis très anxieux : en cours de route, j'ai placé ma boussole, mes cartes et mon couteau dans une ceinture creuse, à même la peau.

Le geôlier me montre une chemise de prison en grosse toile et me dit de l'échanger contre la mienne. Comme je refuse, il insiste en hurlant des *Donnerwetter* (Tonnerre de Dieu) et des *Schweinhund* (cochon de chien). Il tourne autour de moi. Je pivote en gardant toujours un sang-froid ironique qui a le don de le faire entrer dans une rage démente. Il attrape ma chemise par le col et la déchire à moitié. J'apparais nu, la ceinture autour des hanches. L'homme, alors lève les bras au plafond et gueule à me casser le tympan. Il fond sur moi. Plus

prompt que lui, j'ai fait sortir l'arrêt de la boucle et il
a tiré si brusquement qu'il manque de s'étaler les quatre
fers en l'air. Après avoir agité son trophée au-dessus de
la tête, il le jette avec dégoût sur mes hardes en me trai-
tant de « *dummer Franzose* » (stupide Français), sans
s'apercevoir que la ceinture renferme d'étranges objets.

Je remets mon pantalon et le geôlier me conduit à
travers le couloir. Il ouvre une porte et me pousse brutalement dans le cachot.

Je vais jusqu'au mur en titubant sur mes pieds meur-
tris. Puis je m'assieds à croupetons. Je ne suis pas
seul dans le cachot. Deux Russes me saluent d'un cor-
dial « *Sdravsuit, tavarich* » (Bonjour camarade). Ils ont
arrêté leur promenade et tous deux, de chaque côté de
la table me regardent curieusement. L'un est barbu,
lourd, pareil au moujik représenté sur tous les livres,
l'autre est un petit homme à la figure mongole.

Le cachot est très propre. Le plancher est ciré et trois
lits métalliques relevés sont fixés à la muraille par un
cadenas pour que les prisonniers ne puissent pas se
coucher, durant le jour.

Le guichet s'ouvre et le gardien nous fait passer trois
gamelles de bouillon. Ainsi réconfortés, nous nous pro-
menons tous les trois dans le cachot après avoir essayé
d'échanger quelques paroles, mais je ne sais pas le
russe et mes compagnons ignorent le français. Le plus
dégourdi connaît cependant quelques mots d'allemand :
il est policier à Tomsk, son compagnon est un paysan
de la région de Moscou.

La journée s'écoule monotone. Le policier m'a appris
à compter en russe. Avec un morceau de craie, déniché
je ne sais où, il s'efforce de me représenter la position
des troupes russes sur le front Est et de fantastiques
offensives, prochaines et victorieuses.

Le soir, je me couche rapidement ainsi que mon ami
le policier, mais le moujik, pendant un quart d'heure,
fait gravement ses prières avec des génuflexions, des
coulpes, des aplatissements sur le plancher.

Les deux Russes sont emmenés, le lendemain, et je passe la journée seul. Au matin, le gardien vient me chercher à mon tour en m'annonçant que je vais être transféré à Würzburg. Il me fait passer dans la salle où sont amoncelées mes hardes et je retrouve dans la même position ma précieuse ceinture que je glisse dans le sac tyrolien.

Au rez-de-chaussée je rencontre trois prisonniers français. Ils ont cherché à s'évader en se cachant dans de grosses cornues en terre, mais le train a été fouillé à la frontière.

L'un d'eux qui appartient à la Sûreté parisienne s'écrie : « Nom de Dieu ! C'est tout de même malheureux de ne pas pouvoir en jouer maintenant ! » Je réponds tranquillement : « On pourrait peut-être essayer. » Tous les trois me regardent avec étonnement.

J'ai remarqué que le geôlier avait laissé la clef sur la porte de son bureau où il entre, de temps en temps. Les trois compagnons comprennent mon idée. Je me rapproche de la porte. Soudain, le maudit colosse, soit qu'il ait compris quelque chose à mes paroles, soit que mon mouvement lui ait semblé suspect, se précipite sur moi, me prend par le bras, me fait remonter l'escalier en poussant des rugissements furieux et m'enferme dans un cachot.

Il vient m'ouvrir, une demi-heure après, pour me remettre entre les mains d'un *Unteroffizier* allemand auquel il me recommande comme une très mauvaise tête.

Le train siffle, démarre et remonte vers le Nord. Une atroce angoisse m'oppresse et mes yeux se mouillent. Jusqu'ici je considérais que mon évasion continuait et, sans doute à cause du voisinage de la frontière, je me laissais bercer par l'espoir de saisir une occasion de fuite. Maintenant, chaque tour de roue m'éloigne davantage : pour la première fois, je comprends que je suis à nouveau prisonnier.

A partir d'Ulm, je commence à bavarder avec mon
-*Unteroffizier,* jeune instituteur dans le civil et qui me
paraît sympathique, je m'exprime en allemand suffisamment pour que nous puissions discuter.

Le train traverse des plaines monotones, interrompues par quelques coteaux plantés de pommiers.

Je me souviens d'une, poésie allemande, apprise jadis
et je récite les deux quatrains sur le Wurtemberg :

Eberhard, der mit dem Barte,
Wurtembergs geliebter Herr...

Mon gardien est émerveillé. Comme quelques permissionnaires sont montés dans le wagon, il me prie de
répéter plus haut. A une autre station de graves bourgeois s'installent près de nous, immédiatement mon
aimable barnum me demande une nouvelle audition,
mais, cette fois, je refuse de me donner en spectacle. Je
prête l'oreille et j'entends raconter complaisamment ma
petite histoire : un Français évadé de très loin, repris
en Autriche près de la frontière suisse, qui connaît parfaitement la politique européenne et un poème sur le
Wurtemberg. Tout le compartiment s'extasie. Chacun
place un mot d'éloge pour la France et convient qu'il
est malheureux que nous ne soyons pas alliés au lieu de
nous combattre : « *Wir würden die Herren des Weltes
sein* » (Nous serions les maîtres du monde). Quand je me
retourne, un monsieur, avec de grands compliments,
m'offre des cigarettes.

Nous arrivons à une gare où nous devons prendre la
correspondance pour Würzburg. Notre train a eu du
retard et nous allons être obligés d'attendre.

Au buffet, le patron, gros homme bedonnant, s'approche et me dit en bon argot : « Qu'est-ce que vous
fichez là? Alors on n'en finira pas avec la guerre? » Je le
complimente de parler si aisément ma langue. « Oh!
dit-il, j'ai été douze ans garçon dans un café des Bati-
gnolles. » Cependant, il refuse de m'apporter un bock.

sous prétexte qu'il est interdit de vendre de la bière aux prisonniers.

L'*Unteroffizier* s'excuse auprès de moi de la rigueur du règlement et ajoute : « Je vous en prie, buvez la moitié de ma chope. » Je refuse en le remerciant, mais il insiste d'un air fâché. Il commence à boire après moi, lorsqu'un jeune gandin de 18 ans assis à la table voisine s'écrie très fort : « *Ein Franzose und ein Deutscher, Brüderliche Liebe. Prosit!* » (Un Français et un Allemand. Amour fraternel. A votre santé!)

Mon *Unteroffizier* devient tout rouge, répond qu'il a été deux fois blessé et qu'il n'a pas à recevoir de leçon, surtout de la part d'un galopin. La salle devient houleuse. Les uns s'informent, les autres prennent parti pour ou contre. Le train arrive heureusement, car une pareille discussion ne manquerait pas d'attirer l'attention des autorités.

Je m'installe sur une banquette et mon *Unteroffizier* prend place à l'autre bout du wagon. A côté de moi somnole un chasseur bavarois qui pue terriblement le schnaps. Il s'éveille, se frotte les yeux énergiquement et s'exclame : « *Wie wunderbar! ein Franzose!* » (Ah! Etonnant! un Français!) Sa figure ahurie me fait sourire. Il est pris d'une brusque sympathie d'ivrogne à mon égard. Il m'offre une cigarette. Je lui donne en retour un morceau de chocolat qui traîne dans une poche. Son amitié alors n'a plus de bornes. Il commence à bredouiller des confidences. Il vient du Nord de la France où il a pris part à plusieurs assauts. Avec une sauvagerie de primitif, il mime sa haine contre les Anglais en tirant son couteau et en jurant qu'il a égorgé plusieurs blessés. Il me passe la lame aiguisée sous la gorge et, malgré sa bonne camaraderie, je lui prends le poignet pour éviter une maladresse.

Sur le quai de la gare de Würzburg, mon *Unteroffizier* me demande si le camp est proche de la gare, sans quoi il compte me conduire à la Kommandatur. Bien que le camp soit éloigné d'au moins cinq kilomètres, j'affirme avec aplomb qu'il est situé à quelques minutes ; car j'ai idée de sauver ma boussole, mon couteau, mes cartes dont la découverte ne manquerait pas d'entraîner une aggravation de peine. Après de nombreuses haltes et des discussions embrouillées, je réussis à conduire mon gardien jusqu'au *Kriegsgefangenenlager* (camp de prisonniers de guerre). La sentinelle qui ne comprend rien à cette visite tardive refuse d'ouvrir la porte. Je joins mes objurgations à celles de l'*Unteroffizier* et à force de gueuler des « *Dummer Kerl! Sakrament!* » (Stupide individu, nom de Dieu!) nous obtenons satisfaction. Le camp est divisé intérieurement par des fils de fer barbelés et il est impossible d'arriver à ma Kompagnie. Je raconte à mon gardien qu'un capitaine allemand est toujours de service dans le camp, ce qui est faux, mais j'en profite pour pénétrer dans une Baracke. J'appelle un aspirant qui allume une bougie et se frotte les yeux, stupéfait de me revoir. Je ne perds pas de temps à donner des explications. Je recule prestement dans un coin et laisse tomber mon sac tyrolien où se trouvent mon carnet de route, ma boussole, mes cartes. L'*Unteroffizier,* qui n'a rien démêlé de net dans mes allées et venues, revient avec moi près de la sentinelle et apprend enfin que le corps de garde allemand est à l'extérieur des fils de fer barbelés.

Le *Gefreiter* (premier soldat), habitué à prendre livraison des prisonniers, m'accueille sans aménité. En quelques secondes je suis dépouillé de ma veste, de mes bretelles, de mes souliers et, sans avoir pu même conserver mon mouchoir, je suis brutalement poussé dans un étroit cachot.

Le lendemain matin, je peux engager conversation avec mon voisin de cellule. J'apprends avec joie que Daval, mon compagnon d'évasion a déjà été ramené à Würzburg. Les premiers paysans qui l'aperçurent s'étaient enfuis effrayés, puis les gendarmes vinrent le prendre pour le conduire à Schongau.

A onze heures je suis escorté à la Kommandatur. Dans un spacieux cabinet tendu de rouge, trône le général, derrière un bureau. Il prend un air rogue et me pose des questions, à l'aide d'un interprète. Il s'étonne que j'aie pu traverser la Bavière méridionale sans être reconnu :

— Vous êtes habillé comme un prisonnier, comment n'avez-vous pas été remarqué?

— J'ai marché la nuit dans un pays de faible densité de population.

Le général demande à un jeune lieutenant si c'est exact que mon itinéraire traverse un pays de faible densité de population. Le lieutenant, qui ne connaît rien à mon itinéraire, répond crânement en faisant claquer les talons : « *Ia, Herr General* ».

— Bien, bien, alors c'est possible. Un heureux hasard, parce que notre police est bien organisée. Mais comment pouviez-vous vous diriger sans boussole?

— En me guidant sur les étoiles.

Le général me regarde durement :

— Comment connaissez-vous cette région, puisque vous n'aviez pas de carte?

— En France, nous apprenions très bien la géographie de la Bavière.

Le général se tourne vers le lieutenant :

— Vous avez entendu : le prisonnier dit qu'on apprenait très bien la géographie de la Bavière en France.

Puis, sévèrement il demande :

— Vous êtes bien traité au camp : pourquoi vous êtes-vous évadé?

— Parce que c'est un devoir de faire son possible pour retourner au front.

— Oui, tous vous faites la même réponse. Mon devoir à moi c'est de vous punir. Evasion simple. Aucune aggravation. 21 jours de cachot.

Je salue militairement, fais demi-tour et gagne la porte, ouverte par une sentinelle,

Comme les cellules du camp sont au complet, je suis conduit à la prison de Würzburg.

Le cachot est éclairé par une étroite fenêtre fermée par de gros barreaux en fer. Les murs sont recouverts d'un plâtre verdâtre, taché d'inscriptions allemandes. Le mobilier se réduit à une table et à un petit banc. L'impression d'ensemble n'est pas trop fâcheuse pour un prisonnier de guerre, car, à force de vivre dans de mauvaises baraques en planches, il trouve confortable, même si c'est une prison, une vraie demeure bâtie avec de solides murs de pierre.

Je suis enfermé avec un sergent qui termine sa peine pour tentative d'évasion. Nous bavardons en nous promenant pieds nus, à tour de rôle pour ne pas nous gêner dans nos mouvements.

La nourriture est notre grande préoccupation. Nous touchons chacun, pour quatre jours, une petite boule de pain K. K.. Le quatrième jour nous recevons de la nourriture chaude. C'est un supplice, après avoir dévoré la tranche quotidienne, de demeurer, oisifs et affamés face à face avec notre boule appétissante. Pour apaiser les tiraillements d'estomac, nous grignotons notre part, miette par miette, si bien qu'au milieu du deuxième jour, il ne reste plus rien. A ce régime, on s'affaiblirait peu à peu sans douleur, mais l'aggravation de souffrance vient de l'engloutissement de la nourriture chaude un jour sur quatre. On l'avale voracement et le cinquième jour, l'estomac, qui attend la pâture, se contorsionne en spasmes atroces.

Mon compagnon, le dixième jour de mon internement a terminé sa peine. Je demeure seul dans le cachot, tellement affaibli par le manque de nourriture que je peux à peine me traîner.

Ma situation s'améliore heureusement grâce à la complicité de l'aide geôlier. C'est un prisonnier français qui a été condamné à dix ans de prison pour une altercation avec un *Posten*. Le geôlier se l'adjoint dans les menues besognes.

J'ai fait avertir des camarades au camp. Aussi un matin, par le guichet prestement ouvert, un paquet ficelé est projeté dans ma cellule. J'y trouve des conserves, du chocolat, du tabac, du papier et un crayon. J'échappe ainsi à la rigueur du régime et je peux écouter avec plus de calme les plaintes des affamés, mes voisins. Ce sont, presque tous, des soldats allemands, punis de quelques jours de prison pour des peccadilles. Ils crient d'une voix lamentable et comique : *Brot! Brot!* (Du pain! Du pain!). Dans le cachot qui touche le mien, il y en a un qui pleure durant des heures, comme un enfant : Brôut, Brôut! De temps en temps un guichet s'ouvre : c'est mon copain l'aide geôlier qui est en tournée. Un court dialogue s'élève dans le silence du corridor : — *Was?* — *Brot!* — Ta gueule, cochon! et le guichet retombe en claquant.

Je reçois la visite d'une jeune dame de la Croix-Rouge. J'ai cru dans la demi-obscurité reconnaître une religieuse, aussi je l'appelle « ma sœur ».

— Je suis une Russe, la princesse X..., une pure Slave. Avez-vous une plainte à m'adresser?

— Non, ma sœur. J'ai cherché à m'évader. J'ai été repris. Il est juste que je fasse ma punition.

— Avez-vous été mis « au noir »?

— Non, jamais.

— On m'a assuré que personne n'était plus mis au noir dans cette prison.

— On vous a inexactement renseignée. En face, dans le corridor, à la deuxième porte, vous trouverez un Français puni de plusieurs jours de cachot noir.

Elle me souhaite bonne chance et se retire avec un sourire de douce pitié.

Chaque jour, vers onze heures, les rayons de soleil glissent dans le cachot par l'étroite lucarne. Ils touchent le plancher, étalés comme un écu d'or qui bouge lentement, remonte le long du mur et disparaît. Je me suis amusé à composer quatre strophes d'un petit poème à l'allure simple, désuète, dont j'ai gravé les paroles

dans le plâtre du mur avec une pointe d'épingle. Voici,
la première strophe :

> Merci, pâle soleil d'automne,
> Tes rayons au fond du cachot
> Glissent, et dans mon cœur plus chaud
> Se tait la plainte monotone.
> Pareille à celle d'un ami,
> Pendant trois heures ta visite
> Eveille mon rêve endormi
> Et l'espérance ressuscite.

J'écris aussi, sous forme d'un conte, un récit bref
de mon évasion. Mais je n'utilise pas beaucoup mon
crayon, tant il me semble plus doux de me laisser aller
à la rêverie.

Le jour de la libération arrive. Le geôlier vient me
chercher et se félicite, un peu étonné, du régime de la
prison : « On est bien ici, n'est-ce pas ? Vous avez meilleure mine que lorsque vous êtes entré. »

C'est un beau dimanche d'octobre. Il fait soleil.
Les promeneurs sont nombreux dans les rues. Des militaires en permission, donnant le bras à des femmes en
toilette, traversent la spacieuse Residenz Platz pour se
rendre au jardin public. Les vêtements déchirés et sales,
la tête basse, pénétré de mélancolie, je marche à grandes
enjambées à côté de ma sentinelle, un homme tout rond
qui tangue comme un petit tonneau de bière.

J'arrive à la Baracke de ma Kompagnie. Quelques-
uns de mes camarades m'entourent, me pressent de
questions, amusés plutôt qu'émus. L'un d'eux répète
en plaisantant, le mot ridicule d'un Boche à mon égard :
« Ah ! voici le déserteur ! »

Durant mon évasion, la certitude de mon succès s'était
à la longue affermie. Au rassemblement, à l'appel de
mon nom malgré les punitions, il se trouvait toujours
un loustic pour répondre : « En France ! » Maintenant,
après l'échec, on m'en veut de n'être qu'un prisonnier
comme les autres. Mais un jeune ami vient me glisser

quelques lignes touchantes qu'il a écrites, après avoir lu les notes d'évasion laissées dans mon sac tyrolien. Je lui serre silencieusement la main, les yeux un peu humides.

Le lendemain de la Fête des Morts, le 3 novembre, quelques Français ont été autorisés à descendre au cimetière de Würzburg.

A sept heures du matin, les délégués (huit sous-officiers et soldats pour chacune des 11 compagnies du camp) se sont rassemblés en colonne par quatre, encadrés par les *Posten*.

La route, jusqu'au cimetière situé près des jardins de la ville est boueuse, mais un doux soleil accroche des rayons aux dernières feuilles, recroquevillées et jaunies.

Nous traversons l'allée principale du cimetière, entre les tombes allemandes soigneusement parées, pour atteindre le carré d'humbles croix noires où reposent les nôtres.

Face aux tombes, nous nous disposons en rectangle ouvert d'un côté. Un jeune aspirant, vêtu de la longue capote bleue, tient, droite vers le ciel, une haute croix de métal où s'enroule un long crêpe.

Les prisonniers, après un rapide mouvement de tête, ébauchent un spontané garde-à-vous, car trois officiers français, venus en délégation de la forteresse, un lieutenant-colonel, un capitaine, un sous-lieutenant, viennent se placer près des tombes.

Le prêtre dit la messe devant une assistance émue : les uns songent à des proches, morts depuis peu, les autres revoient les visages de ceux qu'ils connurent jadis, joyeux, pleins de vie, et qui gisent là, maintenant, la bouche éternellement close.

Ma pensée s'arrête au destin misérable de nos compagnons défunts.

Le prisonnier ne meurt pas, brusquement, dans l'exaltation de la lutte, il s'achemine vers la tombe béante par des étapes qu'il connaît trop bien, hélas !

Combien est pénible l'heure où il lit de la pitié et aussi de la crainte dans les yeux de ses camarades! Autour de lui, dans le coin sombre de la Baracke, le cercle s'élargit, de plus en plus, jusqu'à ce qu'il demeure seul, couché tout le jour sur sa pauvre paillasse, parlant peu, les yeux vagues, replié sur lui-même, pareil à une bête blessée.

Un matin, il descend au *Lazarett,* laissant, dernier vestige de lui dans le camp, sa paillasse au milieu des autres, mais vide, solitaire, lamentable, comme le sera, peut-être, celle de n'importe lequel d'entre nous demain.

Etendu sur une couchette d'hôpital, où l'inéluctable doit s'accomplir, il voudrait vivre encore quelques mois, quelques semaines, quelques jours. Mais la lutte est trop inégale : il retombe, mouillé de sueurs, et, à cette heure sinistre de l'agonie, il se souvient pour la dernière fois, nettement, comme à la minute où il fut fait prisonnier, de son village natal et de son humble foyer, seul petit coin dans la solitude du monde où l'on pense encore à lui.

Pendant qu'il traîne ainsi sa mort, la malheureuse famille, qui ne sait rien, a préparé le colis habituel. Chacun a cherché dans sa mémoire les goûts, les préférences de l'exilé. Sa femme d'une grosse écriture penchée a mis avec émotion l'adresse sur une enveloppe de papier grisâtre. Le colis voyage, longtemps, à travers la France, la Suisse, l'Allemagne, mais il n'y a plus personne pour l'attendre, sinon un cadavre qui n'a besoin d'aucun viatique terrestre.

On transporte la bière de l'hôpital au cimetière. Elle est placée, close, sur des tréteaux, devant la salle d'exposition où, suivant la coutume de Bavière, les morts allemands, couverts de fleurs, sont étendus dans des cercueils sans couvercle.

Les deux petites délégations françaises, venant l'une du Lazarett, l'autre de la Kompagnie se rejoignent et le peloton d'escorte arrive en armes au pas cadencé. Quatre soldats allemands mettent la bière sur leurs épaules et précèdent le modeste cortège.

Le prêtre du cimetière récite les prières d'usage, puis la bière est descendue, pendant que trois salves, tirées par le peloton, claquent durement dans le silence.

Les Français défilent devant la fosse et jettent, à tour de rôle, une pelletée de terre qui tombe lourde et sonne douloureusement sur le bois du cercueil et dans nos cœurs.

Les fossoyeurs achèvent d'ensevelir le corps de l'exilé qui, loin de la Patrie, gît, éternellement à l'étroit, dans la noire prison d'argile.

Voici le troisième hiver de guerre.

Une pluie diluvienne ruisselle des nuages amoncelés ou bien les vents d'Ouest soufflent violemment jusque dans l'intérieur des Barackes.

Enfin la neige couvre tout le plateau d'une couche épaisse. Au bord des toits, pendent de longs stalactites de glace. Les corbeaux tournent, en bandes croassantes, au-dessus du Camp des Pendus.

Les longues journées de nostalgie et de tristesse ont tellement pesé que nous nous apercevons à peine de la venue des beaux jours, comme s'il n'y avait plus de printemps pour les prisonniers.

Cependant l'espoir tenace reparaît lorsqu'on parle d'une grande offensive contre la ligne Hindenburg. Mais la déception est cruelle : les communiqués nous apprennent l'échec des attaques sur le Chemin des Dames.

Cette guerre ne finira donc jamais !

Les Boches rendent la vie plus morne dans les camps : on supprime les distractions, les jeux, notre journal *l'Intermède*.

Les gradés sont soumis à des exercices humiliants : chaque jour, les sous-officiers divisés en groupes, doivent manœuvrer, à l'allemande, sous le commandement d'un *Gefreiter* (premier soldat).

Naturellement, cette parade donne lieu à des scènes

humoristiques. Les prisonniers exagèrent volontairement les attitudes, défilent comme des pantins mécaniques grotesques. Lorsqu'un vieux colonel vient constater les progrès du dressage, il entre en rage, les jours
de cachot pleuvent dru.

L'Allemagne a besoin de bras pour le travail des
champs et usines. Presque tous les soldats et caporaux
sont en Kommando. Les autorités allemandes essayent,
tout en respectant la lettre des traités, d'arracher le
consentement du départ — volontaire — des sous-officiers.

J'ai bien réfléchi à une nouvelle évasion. Würzburg
est très éloigné de la frontière, aussi faudrait-il trouver
un moyen de prendre le train.

J'ai lié partie avec le sergent Lucien Bouvet qui
parle l'allemand très couramment. Nous nous proposons
de saisir une occasion favorable pour quitter le camp,
gagner une station de voie ferrée et nous faire transporter dans le voisinage de la Hollande ou de la Suisse.

Nous sommes d'accord pour dissimuler à tous notre
projet, mais Bouvet m'a conseillé de me méfier de son
Koch (cuisinier). Il donne ce nom bizarre à un de nos
camarades, brave garçon de la banlieue parisienne, qui
s'est tout entier dévoué à lui. Le *Koch* dépense des tré-
sors d'ingéniosité affectueuse pour entourer Bouvet de
petits soins et prendre à sa charge les innombrables
soucis de l'existence matérielle.

Je suis assez vite obligé de m'apercevoir que le *Koch*
a deviné quelque peu notre dessein, car il me voue une
singulière animosité, mêlée de jalousie.

Au mois de juin, on colporte la nouvelle de l'envoi de
plusieurs d'entre nous en représailles.

Brusquement, les listes sont affichées dans chaque
Kompagnie. Mon nom s'y trouve ainsi que celui de Bouvet. Deux jours après, au matin, les prisonniers, tous
des sergent, désignés pour les représailles sont groupés
sur l'*Alarm Platz*. Nous faisons bonne contenance :
l'idée qu'il va voir du nouveau, même en plus triste,

réconforte toujours un prisonnier qui s'ennuie.

Nous pouvons prendre tout le bagage que nous avons la force de porter sur notre dos, mais il nous est défendu de nous munir d'aucune boîte de conserves.

Après la fouille de nos sacs et de nos caisses par les soldats allemands, le convoi est prêt à se mettre en marche.

A ce moment, le malheureux *Koch,* qui reste au camp, réussit à franchir la rangée des sentinelles et se précipite vers Bouvet pour l'embrasser. « C'est ridicule », murmure Bouvet. Alors, malgré les bourrades des sentinelles, les yeux pleins de larmes, le *Koch* me prend la main : « Je te le confie. Ne le fais pas tuer. » Les commandements rauques retentissent, et, pliés sous nos fardeaux, pendant que le soleil monte, nous nous acheminons vers notre Destin.

LES REPRESAILLES DE LECHFELD

A la gare de Würzburg, nous sommes parqués sous le hall, entourés d'une rangée imposante de sentinelles.

L'imagination se donne libre cours : les uns assurent que nous allons être expédiés derrière le front en France, d'autres savent pertinemment, que les Boches nous envoient dans un camp de représailles en Pologne.

Nous sommes poussés vers une voie ferrée et embarqués, sans que j'aie pu distinguer aucune indication pour la direction qu'on nous fait prendre.

Nous roulons durant de longues heures. En m'orientant sur le soleil, je comprends qu'on nous dirige vers le Sud.

Nous passons le Danube.

Mes compagnons retrouvent toute leur gaîté : « Les Boches nous conduisent en Suisse ! Tu parles de représailles ! »

A la station de Lechfeld, à 20 kilomètres au sud d'Augsbourg, on nous fait descendre.

Il est presque nuit ; les jambes engourdies, titubant sous le poids de nos fardeaux, nous sommes conduits, en colonne par quatre, dans une immense Baracke où se trouvent des paillasses.

Nous ne cherchons pas à comprendre le sort qu'on nous réserve. Nous sommes soigneusement comptés, et nous nous étendons pour dormir.

Le lendemain matin, des *Posten* envahissent la Baracke. Nous sommes rassemblés sur quatre rangs. Un *Leutnant*, espèce de brute, à la voix tonnante, nous crie à plusieurs reprises : « *Stillgestanden... Rüht euch!* » (garde à vous, repos!) Il fait traduire un avis : désormais, nous ne recevrons plus aucun colis; des cartes réglementaires nous seront distribuées pour que nous avertissions nos familles de notre mise en représailles.

On nous distribue un liquide noirâtre, et, à midi, un peu de rutabaga.

L'immense Bezirk où nous sommes enfermés est couvert d'un gazon desséché. Il est entouré d'une triple rangée de fils de fer barbelés; entre les deux dernières rangées, des *Landsturms* montent la garde.

Nous sommes complètement abandonnés à nous-mêmes : sauf à l'heure des rassemblements, aucun Boche.

En ce mois de juin, le ciel demeure d'un immuable azur.

Proche d'un des coins du Bezirk, se dresse un petit baraquement en planches peintes en blanc; il est entouré d'un rang de barbelés. Les prisonniers méfiants ne s'en approchent pas.

Durant les deux premiers jours, je suis demeuré étendu très près de ce baraquement. Puis je m'enhardis. Je me glisse jusqu'à la porte, fermée par un simple loquet. J'entre et me trouve dans une salle de bains : appareil à douche et baignoire. J'ai fait part de ma découverte à deux ou trois camarades. Toutes les après-midi, quand nous sommes las d'être demeurés demi-nus au soleil, nous allons prendre une douche.

Il y a une semaine que nous sommes installés, quand, au rassemblement du soir, nous recevons l'ordre de prendre tout notre modeste bagage.

Nous quittons le Bezirk.

Véritable troupeau poussé sur la route par les *Posten,* nous avançons lentement à travers le camp, ville aux innombrables Barackes. Derrière les barbelés, se pressent pour nous voir passer des misérables, en haillons, très maigres, les yeux brillants. A leur costume nous reconnaissons des Russes, des Italiens, des Serbes, des Roumains. Ils nous crient avec des voix suppliantes : « *Khlieb! Brot! Pane! Zwiebacks!* » (biscuits).

Nous entrons dans un nouveau Bezirk et sommes installés dans une Baracke, où se trouvent déjà des sergents français.

Tous les sous-officiers des divers camps de Bavière, qui avaient refusé de partir volontairement au travail ou bien qui n'avaient pas un emploi, sont rassemblés dans ce Bezirk.

Nous comprenons à quel genre de représailles nous sommes soumis : celles de la faim !

Deux affiches placardées sur une planche nous en avertissent. Sur la première il est dit : qu'en raison des mauvais traitements infligés aux prisonniers en France et au Maroc, les prisonniers français jusqu'à nouvel ordre ne recevront plus de colis. Sur la seconde, les autorités déclarent qu'aucun colis ne sera plus délivré parce qu'on a découvert, dans certains envois, des poisons et des produits dangereux, destinés à des actes criminels.

Quelle que soit la véritable raison des représailles, le résultat est clair : nous devons nous contenter de l'ordinaire du camp.

La nourriture détestable qu'on nous donne est tout à fait insuffisante.

Le repas se compose, alternativement, de rutabaga en filaments ou d'une bouillie d'œufs de poissons, véritable pourriture. On y ajoute, parfois, une lanière desséchée de viande de cheval. Malgré toute notre ingéniosité, nous arrivons difficilement à ingurgiter cet *Ersatz* de viande. Près de la pompe, je rencontre un sergent qui découpe sa portion en minces lamelles pour les absorber dans une gorgée d'eau : « Ces Boches la connaissent dans les coins, me dit-il. Ils doivent raconter au commissions neutres qu'ils nous servent des beafsteks ! »

La famine est, pour moi, particulièrement pénible : j'ai emporté du camp de Würzburg des vivres suffisants pour 20 jours d'évasion. La tentation est grande de prendre un biscuit, de sucer une tablette de chocolat; mais je résiste, car je sais bien qu'une fois que j'aurai commencé, je ne pourrai plus m'arrêter.

Le moral des prisonniers est de tout premier ordre; parmi ces centaines de sous-officiers rassemblés, presque tous des intellectuels, existe comme une héroïque émulation à la résistance.

Au moment des distributions, chacun reçoit la misérable portion et s'éloigne. Personne ne vient rôder autour des marmites. On crève de faim, mais on méprise.

Pour que les Boches n'aient pas la satisfaction de nous voir abattus et tristes, on organise des jeux.

Le soir, quand le soleil devient moins ardent, nos équipes de foot-ball luttent de leur mieux. Puis, autour de quelque violoneux, on organise des sarabandes effrénées, interrompues par les notes lugubres du clairon boche qui donne le signal du coucher.

Toute la journée, nous errons dans l'immense Bezirk. Les cures de soleil sont à la mode. Je vais à travers le camp, complètement nu, ma chemise enroulée en turban autour de la tête. Je demeure ainsi, étendu sur le gazon, pendant des heures, si bien que mon corps est patiné comme un bronze.

Lorsque les nombreux *Landsturms* en faction nous aperçoivent trop près des barbelés, ils crient avec une voix irritée où se mêle de la peur : « *Weg!... Weg! Sakrament!* » (Arrière!... arrière! Nom de Dieu!), comme si nous pouvions bondir sur eux.

L'immense plateau s'étale à perte de vue. Avant le crépuscule, vers le Sud, très loin, on aperçoit la ligne indécise des Alpes. C'est vers cette direction que tous les prisonniers regardent. La pensée de fuir les hante.

Sur de minuscules morceaux de papier, circulent, de main en main, des croquis géographiques détaillés de la région de Schaffhouse, où la frontière suisse décrit une boucle sur la rive droite du Rhin. Toute l'expérience des prisonniers qui ont réussi à s'évader jusque-là, des renseignements venus je ne sais d'où, permettent de situer les postes de sentinelles et les sentiers suivis par les patrouilles.

Mais comment sortir du Bezirk? C'est absolument impossible. Les trois rangées de barbelés sont gardées par de nombreuses sentinelles. La nuit, d'énormes lampes électriques projettent une lumière éblouissante.

A trois ou quatre cents mètres, nous apercevons un grouillement d'individus enfermés dans un espace restreint qu'enserrent des fils de fer barbelés. Ces malheureux subissent la punition de la « cage de fer », dur régime auquel sont soumis, dit-on, les récalcitrants et les évadés repris.

L'hiver, la pluie, la neige et le froid doivent rendre le châtiment terrible. Actuellement, sous le soleil de plomb, les misérables condamnés, qui ne sortent ni la nuit ni le jour, sont torturés effroyablement par la soif.

Notre résistance ne faiblit pas, mais beaucoup d'entre nous, aux rassemblements, tombent épuisés et sont emportés au *Lazarett*.

Le commandement du camp, au bout de deux semaines, autorise la distribution partielle des caisses de biscuits expédiées de France. Quotidiennement, nous recevons chacun six biscuits.

Notre Bezirk est situé dans le voisinage d'un grand camp d'aviation. Durant le jour, des aéroplanes vrombissent au-dessus de nous. Nous les suivons des yeux, en disant entre les dents : « Casse-toi la gueule, cochon, casse-toi la gueule! » Au début d'une matinée, un monoplan s'écrase, non loin. C'est une ruée de prisonniers poussant des clameurs féroces. Malgré les jurons des sentinelles, qui pourraient nous fusiller à bout portant, nous applaudissons frénétiquement pendant que l'appareil flambe.

Les Boches pénètrent rarement dans le Bezirk. Le matin, à l'heure du rassemblement, arrive un vieux capitaine, maigre et tout cassé. Les commandements se suc-cèdent sans que nous y prêtions la moindre attention. Ensuite, le capitaine, entouré de sentinelles, fuit, tout clopinant, vers la porte de sortie, comme s'il avait hâte de s'éloigner de cette cage de fauves.

Le véritable chef du Bezirk est le sergent Frédéric Stoll, sculpteur en France avant la guerre. Stoll est originaire de la Suisse allemande et parle l'allemand à la perfection. Beaucoup plus âgé que nous, engagé volontaire, il avait été fait prisonnier à la bataille de la Marne. C'est un homme à la taille d'athlète, aux yeux bleus et aux cheveux argentés. En face de lui, le vieux capitaine à l'air souvent de vouloir se mettre au garde à vous, et, peu à peu, il lui a remis tous ses pouvoirs.

Un jour, on nous annonce que le commandement du camp demande des volontaires pour les travaux de moisson. Immédiatement, le mot d'ordre circule : « Pas de volontaires. Personne. Absolument personne. »

Céder, il est vrai, à cette invitation, c'est nous reconnaître vaincus. Nous avons été envoyés en représailles parce que nous refusions d'être des volontaires pour le travail, nous devons persévérer. Certains partiraient pour tenter de s'évader, mais d'autres, éloignés de l'ambiance héroïque, consentiraient à demeurer dans les fermes bavaroises.

Oui, le cas de conscience est sérieux ; car la résistance passive a sa beauté, mais elle est vaine. Au bout de quelques semaines du régime auquel nous sommes soumis, aucun ne sera plus capable physiquement de tenter quoi que ce soit.

Après avoir examiné le pour et le contre, j'arrête nettement ma résolution. J'en parle à mon compagnon, Lucien Bouvet qui est, bientôt, du même avis.

Je vais trouver Stoll.

— Inscris-moi, ainsi que le sergent Bouvet, pour un prochain départ en Kommando.

Nous nous regardons bien dans les yeux et il me répond :

— Tu as le plan de la boucle de Schaffhouse.

— Oui.

— Si tu es bon nageur, je peux aussi t'indiquer un endroit, entre Feldkirch et Bregenz, où il est possible de traverser le Rhin.

— Je te remercie. C'est entendu. Mets le départ le plus tôt possible.

Le lendemain, 7 juillet, Bouvet et moi, nous sommes désignés pour partir à Weilheim.

Sur une carte, nous constatons rapidement que la petite ville de Weilheim est située dans la région du lac Ammer, à une quarantaine de kilomètres au sud-ouest de Munich.

A deux heures de l'après-midi, notre petit groupe de huit sergents est soumis à la fouille réglementaire. Nous sommes tous de trop vieux habitués de ce genre d'opération pour que les deux soldats boches, chargés de cette besogne, puissent rien découvrir de suspect.

Mais ces instants qui précèdent le départ me sont très pénibles. Des compagnons, en cercle autour de nous, nous regardent avec mépris : « Voici des types qui vont travailler pour la Bochie. Avec de pareils zigs, on l'aura la victoire !... »

Que répondre? Je fixe ma pensée sur l'avenir : la liberté, des balles dans la peau, la cage de fer.

« *Vorwaerts... march!* » (En avant... marche !).

Nous montons dans un train qui se dirige vers le Sud jusqu'à la station de Kauferingen. Nous prenons une autre voie qui passe par Schongau. Je regarde avec émotion les murailles de cette ville, d'où j'avais eu tant de peine à sortir, lors de ma première évasion. Toute la région est boisée, pittoresque, fermée à l'horizon par les hauteurs des Alpes.

A sept heures du soir nous arrivons à Weilheim. Le *Posten* nous fait traverser la petite ville, bourgeoise et paisible, pour nous conduire à une haute maison aux fenêtres grillées par des barreaux de fer.

Une sentinelle pousse du dedans les verrous, fait grincer les serrures.

Nous voici dans la cour, où nous sommes entourés par une dizaine de Russes dépenaillés. La sentinelle, qui désormais nous a sous sa garde, nous commande de prendre nos bagages. Nous entrons dans une chambre pas très vaste, jonchée d'une paille vieille et sale sur laquelle, trois Russes, chaussés de lourdes bottes, se vautrent près d'un jeu de cartes étalé.

Le lendemain matin, la sentinelle ouvre la porte, et nous fait placer tous les dix dans la cour. Un *Offizier*, la moustache poivre et sel en bataille, roulant des yeux terribles, se promène de long en large.

Il nous assaille, en langue allemande, d'un discours criard et menaçant, qu'il fait traduire par l'un de nous :

— C'est moi, prisonniers français, qui commande le poste de Weilheim. Tous les prisonniers me doivent respect et obéissance... Vous avez été envoyés par le général commandant le camp de Lechfeld pour exécuter des travaux de canalisation. Le travail est pénible, mais je compte que vous allez travailler avec ardeur.

Immédiatement, nous nous formons en groupe et nous discutons avec vivacité. Nous sommes venus pour nous évader, et non pour demeurer dans cette cage grillagée, nous voulons tous exiger notre envoi chez des paysans.

Le *Herr Offizier* demande à l'interprète l'objet de notre discussion. Quand il apprend que nous exigeons d'être envoyés aux travaux des champs, il fait des gestes furieux, et après avoir arpenté la cour, il revient sur nous en gueulant d'une voix tonnante : *Stillgestanden!* (garde à vous!)

— Vous êtes des soldats indisciplinés, effrontés. Mais vous ne connaissez pas les cachots de Weilheim. Ce sont les plus noirs de toute la Bavière. Je vais donner l'ordre de vous enfermer dans ces cachots jusqu'au jour où vous consentirez à creuser la canalisation. Les bons soldats obéissent, sans discuter, à l'ordre de leur chef. Moi, je suis un bon chef. Il n'y a que les fous qui bravent leur chef. Moi, je suis le chef qui vous fera jeter dans les cachots noirs, très noirs, noirs comme, noirs comme...

Ne trouvant pas de terme de comparaison, il ferme les yeux et se place les deux poings sur les paupières pour rendre l'image de la nuit terrible des cachots.

Nous comprenons tous un peu d'allemand et notre homme nous apparaît tellement ridicule qu'un éclat de rire fuse et donne le signal d'un déchainement de fou rire inextinguible. L'*Offizier*, absolument décontenancé devant cette brusque explosion de gaîté, lève les bras au ciel : « *Alle Franzosen sind dumme Kerls* » (tous ces Français sont fous).

Je reprends mon sérieux, et cherchant à équilibrer mes phrases, je prends la parole pour expliquer nos intentions. Nous sommes de braves garçons qui désirons travailler avec zèle à la campagne. Nous le prions donc de téléphoner au général, commandant le camp de Lechfeld, pour faire confirmer que nous sommes bien des gradés partis volontairement pour les travaux de la campagne.

L'*Offizier* a déjà oublié sa fureur et nos rires. Il laisse tomber, d'un coup, cette feinte colère des gradés allemands qui, tout artificielle, épouvante leurs malheureux soldats. Il nous assure d'une voix calme que nous serons bien traités, puisque nous sommes des gradés et des travailleurs volontaires et qu'en attendant notre départ chez les paysans il nous trouvera du travail peu pénible dans des jardins, près de la ville.

La sentinelle nous conduit à l'auberge où nous devons prendre nos repas. Nous mangeons une soupe et un morceau de viande.

Comme nous achevons de déjeuner, un bourgeois, élégamment vêtu, ne portant pas plus de la trentaine, s'approche de notre table. Il nous dit qu'il parle difficilement la langue française et demande si l'un de nous veut bien traduire ses paroles aux autres.

Nous sommes assez intrigués et nous écoutons avec attention. Il est banquier à Munich et possède à Weilheim une propriété où il veut installer l'irrigation. Il nous serait très reconnaissant si nous nous chargions de creuser la tranchée nécessaire. Ce serait un travail facile qui demanderait une semaine d'efforts. Pour nous reposer nous irons, à tour de rôle, arracher les mauvaises herbes du jardin. Il tiendrait beaucoup à ce que la canalisation soit installée, pour agrémenter le jardin d'un jet d'eau, avant une fête où doit assister le *Rittmeister* (capitaine) du district. En terminant, il nous offre des cigarettes, avec un sourire engageant, et nous dit que, dans quelques minutes, il viendra prendre notre réponse.

Nous discutons en argot pour qu'aucune oreille indiscrète ne puisse saisir le sens de nos phrases.

Mes camarades sont disposés à accepter la proposition de ce banquier aimable. Il me semble, au contraire, que nous devrions persister dans notre résolution première. Nous tenons à être placés chez des paysans. Il est évident que nous avons été envoyés pour cela par le commandant du camp. La petite intrigue de village est cousue de gros fil. L'*Offizier* est d'accord avec le banquier. S'il n'a pas persisté dans le ton de violence, c'est qu'il dépassait sa consigne. Tenant bon, nous obtiendrons satisfaction.

Mes compagnons, gagnés par l'amabilité insinuante du banquier, préfèrent accepter le sacrifice d'une semaine. Je donne mon assentissement pour ne pas les gêner, mais je réserve expressement ma liberté d'action.

Nous rentrons dans la maison grillée où nous sommes enfermés pendant toute la soirée de ce beau dimanche.

Le lundi matin, à quatre heures, nous sommes réveillés par la sentinelle et conduits au chantier.

Trois Russes et deux civils piochent avec nous. Il faut d'abord ouvrir la tranchée sur une route empierrée. Nous travaillons avec ardeur. Les trois Russes qui, derrière moi, manient la bêche et la pioche avec une sage lenteur, échangent des réflexions peu flatteuses, sans doute, sur les *pisdas* (énergique et brève insulte en langue militaire). L'un d'eux, quand nous retournons à l'auberge pour le repas de midi, bredouille en mauvais allemand que nous ne sommes pas des Français parce qu'il a déjà rencontré des prisonniers français et, jamais, il ne les a vu trimer comme nous.

Au soir, nous rapportons nos outils dans une grange. J'aperçois une lime, plate, longue comme l'avant-bras. Je trompe l'attention de la sentinelle et je la dissimule sous ma capote.

Nous mangeons à l'auberge une maigre soupe et un morceau de fromage. Sous la pluie, la sentinelle nous reconduit à notre litière.

Au milieu des bavardages, je parle bas à mon camarade Bouvet qui est d'accord avec moi pour agir au plus vite. Nous traçons sur un carnet notre itinéraire de marche pour une nuit et nous vérifions nos sacs.

J'appelle l'attention de nos camarades et je les avertis que nous allons scier les barreaux, sous un linge mouillé pour étouffer le bruit. Ceux qui sont bien décidés à s'évader n'auront qu'à sortir après nous.

Cette rapidité d'exécution les étonne. Comme je suis revenu m'étendre près de mon compagnon, ils se rassemblent et discutent vivement. L'un d'eux, délégué par les autres parce qu'il est avocat dans le civil, vient nous parler.

Il nous prie de ne pas tenter l'évasion, cette nuit, par bonne camaraderie. Deux des groupes ne sont pas encore munis de boussole et ils espèrent se la procurer dans le village où ils seront envoyés. Si nous fuyons seuls, les paquetages seront fouillés et les autres évasions compromises. La sentinelle couche tout près, il serait extraordinaire qu'elle n'entendît pas le mordillement de la lime. Les trois Russes, avec lesquels nous avons eu une petite dispute, couchent dans la chambre et par malveillance pourraient donner l'éveil. Ces remarques sont assez sérieuses, mais je persiste dans mon idée d'agir vite. Enfin je cède aux sollicitations et je décide avec mon compagnon de patienter jusqu'au lundi suivant pour nous enfuir, si nous ne sommes pas envoyés dans une ferme.

Durant toute la semaine, nous travaillons avec ardeur pour achever cette longue tranchée, malgré les ampoules aux mains. Le banquier bavarois est, certes, un homme habile! Au lieu de souffrir dans quelque « cagna », sur le front, il a su demeurer paisiblement dans sa ville et même accaparer une dizaine de captifs pour embellir ce jardin où le spectre de la misère allemande n'a pas le droit d'entrée : parterres de fleurs soigneusement entretenus, plates-bandes de légumes!

Les rares heures que nous y passons sont douces. Après une faible tentative d'arrachage des mauvaises herbes, nous musons à travers les allées. J'ai rencontré une jeune personne qui cueillait des fleurs. Elle était très réservée vis-à-vis de l'humble jardinier, mais j'ai gagné ses bonnes grâces par un madrigal, presque aussi vieux que le paradis terrestre. Elle me disait que son prénom était Rose et je lui ai répondu : « *Oh! Rose, Sie sind die schönste Rose aller Rosen im Gartem!* » (Oh! Rose, vous êtes la plus belle rose de toutes les roses du jardin).

A l'auberge, nous sommes chichement nourris et, comme compensation, nous avons le droit de plaisanter très librement avec la fille de la patronne.

Le samedi soir, 14 juillet 1917, triste anniversaire de notre fête nationale, après une journée de travail exténuant sous un implacable soleil, nous sommes étendus sur notre litière. La porte s'ouvre brutalement. La sentinelle, suivie d'un *Feldwebel-Leutnant* et d'un interprète, pénètre dans la chambre en poussant des « Rauss, Rauss » retentissants.

Nous sortons dans la cour. Le *Feldwebel-Leutnant* nous fait ranger en ligne contre la palissade et commande « garde à vous ». Il demande à la sentinelle si son fusil est chargé, puis nous fait coucher en joue. Nous avons une minute d'ahurissement. D'ailleurs la sentinelle, bonhomme rabougri, la tête rasée, les yeux exorbités, vraie tête de mouton, doit encore avoir plus peur que nous. Le canon de son fusil trace des zigzags éperdus.

Le *Feldwebel-Leutnant,* un homme grand, à barbe noire, tire des papiers de sa poche et s'approchant, il dit à l'un de nous : « Vous êtes le sergent Guilhermoz. Suivez-moi. » Ils pénètrent dans la maison.

La sentinelle se balançant comme un ours, la crosse du fusil sous le bras, écarquille les yeux pour voir si nous bougeons.

Je suis furieux contre les camarades qui m'ont empêché de scier les barreaux. Je pense qu'avertie de nos projets d'évasion la Kommandatur de Lechfeld fait procéder à une investigation dans nos paquetages. Les recherches sont longues, car il commence à faire nuit et nous sommes toujours debout contre la palissade. Notre camarade, sans képi, les vêtements lacérés, traverse la cour entre ses deux gardiens. Il a le temps de nous jeter avant d'arriver à la porte de sortie : « La fouille n'était que pour moi. »

Nous pénétrons en trombe dans la chambre. Tous nos paquetages sont intacts. A la place de Guilhermoz, la paille a été enlevée, le plancher est couvert de débris de papier et d'étoffe. Nous sommes très intrigués. Son compagnon, qui devait s'évader avec lui, me met confidentiellement au courant de ce mystère. L'an dernier, Guilhermoz commandait une corvée française à la gare d'Augsbourg. Un incendie a éclaté dans les docks de l'Armée et n'a pu être éteint qu'après plusieurs jours. Les Français avaient d'abord été soupçonnés, mais à l'enquête, rien contre eux n'avait pu être retenu. Mon camarade pense que les Allemands veulent reprendre cette affaire, maintenant qu'ils mènent dans leurs journaux une violente campagne contre le gouvernement français qui, d'après eux, exciterait les prisonniers au sabotage.

Nous sommes demeurés enfermés durant la journée du dimanche. Le lundi matin, nous ne partons pas au travail. Le *Feldwebel* me fait appeler dans son bureau. Il m'annonce que le travail de canalisation étant presque achevé, les prisonniers français vont être dispersés, séparément, dans les fermes bavaroises. Je dois me tenir prêt à partir immédiatement.

J'avertis Bouvet. Nous avions projeté depuis Würzburg de nous évader ensemble. Au dernier moment, nous voilà brutalement séparés. Nous avons les yeux embués de larmes, mais, comme il ne servirait à rien de récriminer, nous nous embrassons fraternellement et nous nous souhaitons un prompt « au revoir » en Suisse.

A TRAVERS LA BAVIERE DU SUD
ET LES ALPES DU TYROL

Je dois aller à pied, accompagné d'un *Posten,* jusqu'à la ferme, située à une dizaine de kilomètres au nord-ouest de Weilheim. Le temps est lourd et je peine sur la route poudreuse pour porter mon sac tyrolien et une caisse en bois blanc.

Nous traversons des prés, coupés de haies. Une pluie brusque nous oblige à nous réfugier sous un chêne. Le soleil luit dans le ciel lavé et le vallon où nous marchons prend un aspect frais et charmant.

Nous arrivons à un village où nous rejoignons une route. Quelqu'un m'appelle en français : « Eh! dis donc le copain, où vas-tu? » Je me retourne et j'aperçois un jeune homme habillé en paysan. Il me serre la main et me dit qu'il est prisonnier français. Il échange quelques phrases avec ma sentinelle en patois souabe. Je le félicite d'avoir aussi bien appris l'allemand. Il me répond qu'il ne sait pas lire, mais qu'il a appris le patois en fréquentant les paysans. Comme il est cultivateur en Algérie et parle l'arabe, il a pu parfaitement assimiler la prononciation gutturale de la langue allemande.

Le *Burgermeister,* un gros bonhomme, un fusil de chasse sur l'épaule vient aux nouvelles. Il me pose différentes questions et me demande dans quelle région de France je suis né. Je lui réponds à Limoges. Il pousse alors des exclamations et me frappe sur l'épaule en débitant un long discours où je démêle qu'il a une fille qui était placée comme gouvernante, quand la guerre a éclaté, dans une famille des environs de Limoges, à

Saint-Léonard.

Je ne peux m'empêcher de sourire en songeant que, sous une forme ou sous une autre, saint Léonard, protecteur des évadés, se présente toujours à moi quand je pense à briser mes chaînes.

A Haid, un jeune chasseur bavarois vient à notre rencontre. C'est lui qui est *Posten*. Il me conduit au bout du village chez mon patron. La maison est d'apparence modeste.

Toute la famille m'attend debout sur les marches de la porte d'entrée : le patron, bonhomme d'une soixantaine d'années, en bras de chemise, le visage encadré d'un collier de barbe ; sa femme, campagnarde joufflue ; une jeune fille d'environ dix-huit ans, bien faite, les yeux bleus, le teint rose, et deux garçons de quatorze et seize ans.

Ils me conduisent, en chœur, dans ma chambre, située au rez-de-chaussée. Le jeune *Posten* rôde autour de moi et me regarde avec inquiétude. Il va toucher les barreaux de fer de la fenêtre et fait la grimace parce qu'ils doivent lui sembler un peu rouillés. Il vérifie la serrure de la porte. Comme elle ne lui paraît pas suffisamment résistante, il demande un marteau et fixe un verrou à l'extérieur. Il fait de sévères recommandations à mon patron et nous laisse.

Nous entrons dans la salle voisine. Sur un fourneau cuisent des patates et, dans une casserole, bout un liquide blanchâtre. Au milieu, une large table en chêne. Une horloge à coucou est accrochée au mur. Dans un coin, une statuette de la Vierge et un crucifix.

Le vieux me demande si je suis catholique et se montre très heureux de ma réponse affirmative. Toute la famille commence à prier à haute voix. La prière me paraît interminable. La mère vaque au soin du ménage en continuant à fournir les réponses.

Nous nous asseyons et le père de famille me tend une

cuillère de bois en m'invitant à « *mitessen* » (manger en commun). Au milieu de la table, dans un plat profond, la mère a versé la mixture d'œufs et de lait qui chauffait sur le fourneau. Chacun se met à plonger cuillère et doigts dans la nourriture. Mais je demeure immobile et demande une assiette. La femme me l'apporte et j'y verse une portion. La jeune fille, immédiatement, se lève et fait comme moi. Je suis vite amusé par ses gestes : elle me regarde du coin de l'œil et copie tous mes mouvements.

Quand nous sommes repus, le père se lève, tous les autres l'imitent. On débite machinalement une prière si longue que je regrette presque d'avoir confessé ma religion.

Je suis verrouillé dans ma chambre et je me couche dans un grand lit où le second drap et la couverture sont remplacés par un édredon, suivant la coutume du pays.

Le lendemain matin, le vieux me réveille à cinq heures. Je bois un bol de lait et nous partons pour le pré, une faulx sur l'épaule. L'herbe n'est pas très haute et je plante plusieurs fois la lame dans la terre. La femme nous porte du pain, des patates et du fromage pour déjeuner à midi.

Nous rentrons vers trois heures à la ferme. Après un court repos, le bonhomme m'envoie dans la grange avec sa fille pour décharger une charrette de foin.

Je passe les bottes au bout d'une fourche et la jeune fille les enlève d'un robuste mouvement des hanches. J'aperçois sa gorge ronde, ses deux jambes nues sous sa jupe. J'ai grande envie de dire quelque plaisanterie et d'en tirer avantage, mais je réfléchis qu'il est dangereux pour moi d'ébaucher une amourette qui pourrait, durant plusieurs jours, me faire hésiter à fuir.

Au repas du soir, je mange très peu et je me plains d'être malade. J'ai résolu de partir, cette nuit, et je veux être le plus tôt possible dans ma chambre pour achever mes préparatifs. Mes patrons discutent dans leur patois souabe et le père me dit en allemand que la porte de ma chambre ne sera pas fermée.

Au milieu de la nuit, quand tout est silencieux dans la maison, je passe mon grand manteau de Landsturm d'où j'ai décousu l'insigne des prisonniers, je me coiffe de ma casquette civile, j'attache deux linges mouillés sous mes souliers, et, ma large lime entre les dents, j'ouvre sans bruit.

Je traverse le corridor et, après avoir un peu tâtonné, je bondis dans la cour et gagne rapidement la lisière de la forêt.

Le sous-bois est encombré d'arbustes qui rendent la marche difficile. Je me dirige à la boussole et je rejoins un sentier qui descend dans la vallée.

A une halte, je vérifie mon paquetage. Ma lampe électrique dont l'ampoule est brisée ne fonctionne plus. C'est une perte qui m'est très pénible.

La petite route où je m'engage sort du bois obscur et traverse un pays lugubre. Les marais, où des joncs croupissent, se succèdent tristement. Il me semble apercevoir au loin des lueurs de feux follets. Je suis pénétré jusqu'aux os par une impression de froid et de cauchemar. Je tiens dans la main droite un solide gourdin et dans la main gauche mon couteau à cran d'arrêt, ouvert et retenu au poignet par un cordon.

Vers deux heures du matin, j'atteins une grande route orientée Ouest-Est. Mais dans ma hâte, je prends la direction inverse de celle que je veux suivre. Après la traversée d'un gros village, je m'aperçois de mon erreur : une borne kilométrique porte d'un côté 13 km. de Weilheim et de l'autre côté, 35 km. de Landsberg.

L'aube va bientôt paraître. Je quitte la route, je marche à travers champs, enfin je me tapis dans un bois de sapins. Je somnole un peu, mais, vers midi, je suis éveillé par des cris de gosses. Ma cachette est située à l'intersection de deux sentiers; aussi de temps à autre, des gens passent-ils près de moi. Pour être prêt à fuir, je boucle mon sac, et, étendu sur le dos, je laisse couler les heures qui me paraissent d'une durée interminable.

Comme l'énervement progressivement me gagne, je me crée pour le combattre des occupations. J'évalue les vivres que j'emporte : quatre-vingts biscuits, quatre kilogrammes de chocolat, quelques cubes de potage concentré, c'est une provision suffisante pour au moins vingt jours de marche. Sur ma carte au 300.000ᵉ, je cherche à déterminer mes étapes futures. Je suis un moment disposé à me diriger vers Füssen pour suivre, comme lors de ma première évasion, la vallée du Lech. J'aurais l'avantage de connaître la plus grande partie de l'itinéraire ; mais il me répugne de reprendre une route où j'ai déjà échoué. Il entre dans ce sentiment un peu de superstition dont je me rends compte sans pouvoir m'en défendre. Je me décide donc à revenir sur Weilheim pour me diriger vers la frontière autrichienne que je compte traverser entre Garmisch et Partenkirchen. De là, je me rapprocherai, à travers le Tyrol, de la vallée de l'Inn, et, l'évitant, parce qu'elle doit être très fréquentée, je passerai en Suisse par un des cols voisins.

Au crépuscule, je mange deux biscuits, je m'équipe et je pars à travers prés.

Vers une heure du matin, j'arrive au pont de Weilheim. Mon dessein est de ne pas pénétrer dans la ville, mais de rejoindre la voie ferrée qui, ainsi que je l'ai expérimenté lors de ma première évasion, permet de ne pas s'égarer à travers la campagne, tout en présentant beaucoup moins de danger que la grande route. Mais je dois atteindre le remblai de la voie ferrée à la sortie de la ville, justement à l'endroit où j'ai travaillé une semaine auparavant.

Je saute par-dessus plusieurs palissades. Des chiens aboient dans les cours. J'arrive ainsi à la tranchée que nous avons creusée.

Brusquement je m'arrête et m'aplatis contre le sol.

Une lanterne, tenue à la main, va et vient sur un chemin transversal tout proche. Je suis angoissé. Il me semble que cette lumière étrange est là pour me guetter. Craint-on que je cambriole la villa du banquier? Je reviens sur mes pas, franchis en sens inverse les palissades et, comme je perdrais trop de temps à parcourir un long circuit, je me résous à traverser la ville.

La rue principale est encore éclairée par quelques becs électriques. Sur la place où se dresse une fontaine, j'aperçois un groupe de promeneurs et un officier. Je fais semblant de chercher à lire les numéros et comme le groupe s'approche de moi, je pénètre dans le corridor du restaurant où nous mangions. Quand les pas se sont éloignés, je sors de ma cachette et, bientôt, je quitte la ville en suivant la route de Partenkirchen.

Le ciel est couvert, le vent souffle violemment.

Je tourne à droite dans la prairie pour rejoindre la voie ferrée. La marche est pénible. Le pays est semé d'étangs que je suis obligé de contourner.

J'arrive au remblai de la voie ferrée et je marche jusqu'au jour. Il n'y a point de bois où je puisse m'abriter. Pour ma halte, je fais choix d'un large fossé encombré de buissons. L'eau croupit dans le fond, mais sur la pente, je réussis à me ménager une tanière.

Je mange un biscuit, un peu de chocolat, puis j'essaie de sommeiller, mais sans pouvoir y réussir. Je me souviens de mes haltes, lors de ma première évasion, et suis bien obligé d'accepter le renouvellement de ce long supplice qui consiste à demeurer immobile, malgré l'énervement, durant d'interminables heures, pendant que la pensée vagabonde à travers les souvenirs et les chimères.

Sur ma carte, j'ai déterminé que je me trouvais près de la station de Pölling et je veux gagner la vallée de Loisach.

Je prends la route qui se dirige vers le Sud-Est et je

traverse les villages de Hugelfing et de Ob. A une bifurcation, je voudrais vérifier mon itinéraire à l'aide d'un

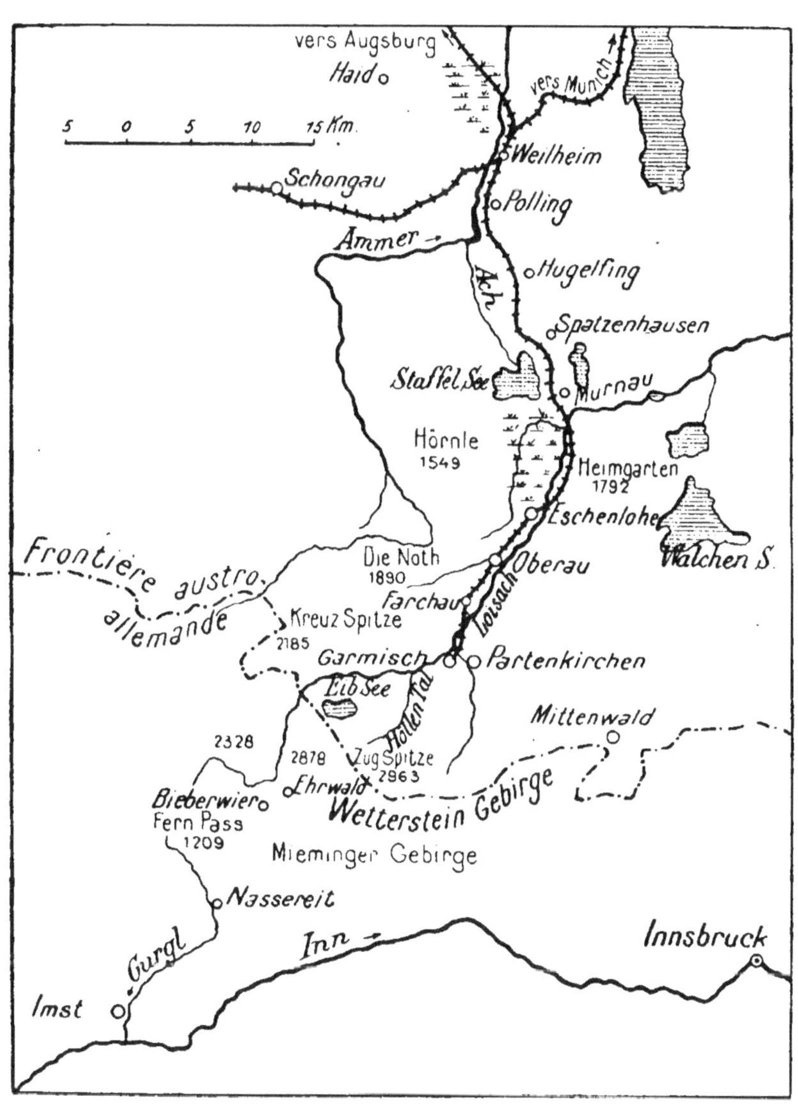

2e ÉVASION : DE HAID A IMST

poteau indicateur ; malheureusement, comme la nuit est
très noire, je ne peux pas lire. Ah ! je regrette bien amè-

rement de ne plus avoir de lampe électrique! Je pose mon sac tyrolien pour grimper le long du poteau indicateur, haut d'environ deux mètres, et, frottant une allumette, je peux me rendre compte que j'arriverai bientôt à la petite ville de Murnau.

Il bruinait jusqu'alors, maintenant la pluie tombe drue. Sans un tablier en toile cirée que j'ai dérobé dans le jardin du banquier, mes biscuits ne tarderaient pas à être réduits en bouillie.

Il est quatre heures du matin lorsque j'arrive à Murnau. La rue principale est éclairée. Je m'y engage d'une allure décidée, et je traverse la ville sans incident.

La route, plate, suit le fond de la vallée du Loisach. A gauche, la rivière coule entre des rives basses encombrées de roseaux, de l'autre côté, s'élèvent des collines boisées.

Il serait imprudent de continuer à marcher sur la route; d'ailleurs, j'ai parcouru, durant la nuit, plus de trente-cinq kilomètres et j'ai les jambes un peu fatiguées.

Après avoir pataugé, j'arrive à un petit pont en planches qui me permet de traverser la rivière.

Je gravis le versant d'une colline et me réfugie sous les branches entrecroisées qui forment une sorte d'abri. Mais je suis à peine installé qu'un cornement singulier retentit au-dessus de moi. Je me tapis comme une bête traquée. Un autre cornement, tout proche, résonne à nouveau, répercuté par l'écho. Aussitôt, je suis assailli par la pensée que des paysans ou des chasseurs m'ont aperçu et s'efforcent de me découvrir. Pour ne pas être entouré, je sors de ma cachette et aussi vite que mes forces me le permettent, je gravis la pente glissante et je m'enfonce, en m'égratignant le visage et les mains, dans un fourré. Alors après un moment de calme, j'aperçois entre les branches des arbustes, une biche suivie de ses faons, puis deux cerfs. De nouveau les cornements retentissent, mais je n'en suis plus effrayé, car j'ai compris qu'ils ne décèlent pas la présence de l'homme : ce sont les appels des biches et des cerfs !

Je mange un peu de chocolat et somnole deux ou trois heures. Les rayons du soleil viennent me tirer de ma torpeur. Je suis encore tout transi de froid et, pour me réchauffer, je remets mon sac et gravis la montagne jusqu'aux alpages.

Le ciel est d'un bleu léger. J'aperçois la rivière qui déroule son ruban de vapeurs à travers les méandres de la vallée. Les collines, où s'accrochent des buées, se succèdent jusqu'à la ligne sombre des Alpes qui est surmontée d'un pic élevé, dont je trouve le nom sur ma carte : le Zug-Spitze.

Je découvre une cabane où je m'installe sur du foin. Je mange deux biscuits et du chocolat. Bien que je n'aie pas vraiment dormi depuis quatre nuits, je ne parviens pas à sommeiller. J'occupe mon temps à surveiller le séchage de mes biscuits mouillés que j'ai alignés sur une planche. Ensuite, avec une grande application, je grave sur la cloison à l'aide de mon couteau un large drapeau où j'inscris ces mots : « France bientôt ! »

Le sentiment de la Patrie, qui dort en tout homme, parfois se réveille ainsi, vif et candide. Joachim du Bellay écrit, loin de son village natal, le nostalgique Sonnet des Regrets, et l'évadé inscrit sur la planche anonyme d'une misérable cabane perdue dans les Alpes bavaroises le nom de la douce France. L'un et l'autre traduisent le même attachement qu'ils n'auraient jamais soupçonné sans la cruauté d'un long exil.

Il faut que je regagne la vallée pour reprendre mon itinéraire, mais je suis un peu hésitant. Cette nuit du samedi au dimanche est remplie de dangers : les paysans vont à l'auberge, d'où ils reviennent tardivement, les soldats permissionnaires sillonnent les routes et les sentiers.

Enfin je me décide à quitter mon abri et je longe la lisière d'un bois, mais le ciel est zébré de larges éclairs qui préludent à un proche et brutal orage.

J'arrive à une autre cabane dans laquelle je suis

obligé de pénétrer par le toit parce qu'elle est aux trois quarts emplie de foin et je me débarrasse de mon sac tyrolien, de mon manteau, de ma veste.

A travers les interstices des planches, j'aperçois la fulguration des éclairs à la pointe des arbres et j'aspire l'odeur chaude et lourde du foin engrangé encore humide. Je suis secoué d'une étrange fièvre et frissonne comme si je venais de boire une boisson trop forte pour mes nerfs. Je sens l'unité de la nature sans doute à la façon des hommes primitifs : en moi impétueusement fluent la vie des herbes coupées, la lumière de la foudre, et, lorsque de brusques grondements éclatent, je pousse de longues clameurs comme si je criais du tonnerre. Enfin, la pluie lourde, chaude, tombe en nappes denses et c'est pour moi la rupture de cette tumultueuse atmosphère d'orage.

Je m'endors d'un sommeil réparateur et lorsque je m'éveille le lendemain, le soleil est déjà haut dans le ciel. Je vais faire ma toilette dans un ruisselet qui murmure entre les racines des arbres. Il serait dangereux d'allumer du feu; je regrette vivement de ne pouvoir le faire, car j'ai emporté des tablettes de potage concentré. Je m'en accommode en les délayant à froid dans un quart d'eau. Pour ne pas être rencontré durant le jour par des gardes ou des promeneurs, je vais m'installer sur le flanc boisé d'un ravin, en face d'immenses rochers qui se dressent à pic.

A la nuit, je descends, à travers les vallonnements, jusqu'au Loisach que je franchis sur un viaduc. Après avoir sauté des haies, je remonte le lit presque à sec d'un torrent. A un étranglement, je m'arrache les ongles pour sortir du chenal, puis, à grand'peine, je traverse cette région dans la nuit des sapins.

J'atteins, comme je me l'étais fixé, sur la carte, la bifurcation de la route dont chaque branche conduit, tout près de la frontière autrichienne, à une station de vacances, soit à Garmisch, soit à Partenkirchen.

Je marche à travers la prairie, toute humide de rosée, en me guidant sur la voie ferrée. J'arrive aux maisons d'une ville. Il ne fait pas encore jour et je m'engage dans une rue. Des deux côtés, des magasins aux beaux étalages éclairés par des lampes électriques, s'échelonnent. Un colleur d'affiches siffle perché sur un escabeau, son grand pinceau à la main.

Dès que j'ai passé les dernières maisons, je prends le pas gymnastique. L'aube paraît; je grimpe en soufflant le versant du Kreuz-Spitze.

Lorsque je m'arrête, le soleil auréole de rose le Zug-Spitze, dressé devant moi avec ses pentes abruptes où s'accrochent quelques nuées cotonneuses. Je trouve un fourré où je m'abrite durant tout le jour.

Un peu avant le crépuscule, j'aperçois un jeune homme qui passe en chantant, accompagné d'une jeune fille. Derrière eux vient un grand bonhomme à barbe, une hache sur l'épaule, à ses côtés gambade un énorme chien. Les deux jeunes gens sont passés en courant devant le fourré, mais le chien s'approche, le nez par terre. Je ne bouge pas et il avance à travers les branches. Soudain, il fait un bond des quatre pattes et commence à aboyer furieusement. Son maître s'approche pour voir l'objet de cette rage. A croupetons, j'ai bouclé mon sac, j'ai ramassé mon gourdin et je bondis hors du buisson. L'homme à la hache, surpris, ébauche un geste de défense. Je le salue en souriant et dis en montrant le chien qui tourne en cercle autour de moi : « *Er ist böse* ». (Il est méchant!) L'homme ne me répond pas, mais il siffle le chien. Je m'esquive aussitôt et je disparais à travers les arbres.

J'arrive dans une vallée où je me repose. La nuit est calme. Le ciel clair semble délicatement posé sur les hauts monts derrière lesquels disparaît, lentement, le mince croissant d'or de la lune. Au loin, retentissent les clarines des troupeaux. C'est le calme nocturne de la montagne où je plonge comme dans un lac limpide et frais.

Un peu après minuit, je pénètre dans une forêt de sapins où règne une complète obscurité. Je bute contre quelques quartiers de rocs qui deviennent de plus en plus nombreux. Je grimpe sur des rochers pour tomber, immédiatement après, dans des trous où j'ai grand'-peine à sortir. Pour ne pas m'épuiser en vains efforts, je m'arrête, je m'enroule dans mon manteau et m'endors en attendant l'aube.

Au jour, je grimpe dans un pin et, de cette hauteur, je me rends compte de l'immense chaos de rochers qui m'entoure. Dans les ténèbres je tournais en rond, prisonnier d'un cercle enchanté dont il m'était impossible d'échapper.

Vers midi, j'aperçois, très loin au-dessous de moi, le charmant lac de l'Eibsee, enchâssé dans la verdure. Deux minuscules barques à rames voguent proches l'une de l'autre. Echappé à la vie misérable des camps, je laisse aller ma pensée à ces images des plaisirs de la vie. Mais je ne suis pas jaloux de ces baigneurs qui villégiaturent dans cette aimable oasis. N'ai-je pas, moi, une joie plus forte : celle de courir périlleusement sur les sommets pour conquérir ma liberté !

La frontière autrichienne est proche. J'ai marqué sur ma carte l'endroit, écarté des sentiers, où je la veux passer.

Le soleil se couche lorsque j'arrive au pied d'une véritable muraille de rocher. Je la côtoie quelque temps, mais je n'y découvre aucune brèche. L'entonnoir d'un torrent présente seul quelques anfractuosités. Il me faut grimper une trentaine de mètres le long d'une paroi verticale si je veux atteindre cette frontière qui m'a l'air de suivre exactement la ligne de faîte.

Je gravis dix mètres environ, en utilisant quelques aspérités. J'arrive ainsi à une étroite plate-forme. Je suis pris d'un petit accès de toux. Immédiatement, une

pluie de pierres tombe le long de la paroi. J'ai comme
un éclair la pensée d'avoir été aperçu par une sentinelle
et je crie : « *Achtung! ein Mann ist da.* » (Attention, un
homme est là.) J'aperçois une forme brune qui, d'un
bond prodigieux, atteint l'autre bord de l'entonnoir.
C'est un chamois que je viens de déranger.

Après cette secousse nerveuse, il m'est impossible de
continuer mon ascension. Mais il m'est encore plus difficile de redescendre. Je ne peux pourtant pas m'éterni-
ser dans cette dangereuse position. Je détache mon sac
tyrolien qui m'encombre et je le jette sur la pente où il
roule par bonds saccadés. Je commence ma descente
avec beaucoup de sang-froid. Ce n'est qu'aux derniers
mètres que je me hâte trop et glisse en m'écorchant les
doigts. Je me mets immédiatement à la recherche de
mon sac que je retrouve cent mètres plus bas, calé entre
deux rochers. Les biscuits et le chocolat sont réduits en
menus morceaux.

Le soleil a disparu derrière les pics. Je me dirige, à la
boussole, pour découvrir le sentier qui passe la frontière.
Il fait très sombre. A une bifurcation je brûle plusieurs
allumettes pour lire d'un côté Höllen Thal et de l'autre
Ehrwald. C'est la bonne direction. Sur l'écriteau, il est
indiqué que personne ne doit s'engager sur ce chemin
sans passeport. J'ai peur de trouver une sentinelle,
aussi j'avance lentement, avec précaution. Le sentier
n'est souvent qu'une rigole desséchée.

A minuit et demi, j'atteins le plateau où se dressent
côte à côte le poteau bavarois et le poteau autrichien.
Je me couche sur le sol et j'essaie de dormir malgré le
froid. Un troupeau pâture. Autour de moi retentissent
des sonnailles et, craintivement, des vaches approchent
leur mufle chaud de mon visage.

Au jour, je m'éloigne dans la forêt qui couvre le versant. Depuis une semaine que je suis en route, je n'ai
jamais éprouvé un pareil sentiment de sécurité. Je me
suis arrêté, un instant, pour manger un biscuit. Deux
jeunes faons gracieux approchent derrière les troncs

d'arbres. Quand je me lève, ils me suivent comme de jeunes chiens. Une biche s'approche d'eux et les accompagne. Toute la journée je rencontrerai les paisibles habitants de ces solitudes. Un peu plus bas, j'aperçois des vaches qui broutent derrière des troncs d'arbres.

J'essaie d'écrire sur une feuille un poème d'évasion pour rendre ces impressions fraîches et puissantes, mais le jeu d'assembler les rimes m'ennuie vite et je préfère, à pleins poumons, respirer l'air salubre.

Le lendemain matin, je descends sur une route. J'aperçois cinq jeunes filles qui doivent revenir de la messe. Trois d'entre elles prennent un sentier oblique et les autres continuent à me précéder. Je les rejoins bientôt et passe en disant : « *Grüss Gott* » (Salut). Elles me répondent en me regardant avec curiosité. Comme je ne ralentis point, elles éclatent de rire et pressent le pas derrière moi. Je marche encore plus vite mais elles accélèrent en même temps. A un détour de la route, je cours aussi vite que je peux. J'aperçois une auberge. Il ne me reste plus qu'à me dissimuler dans un buisson. Dieu des prisonniers ; aurais-je jamais pensé que je serais obligé d'user de ruse non point pour atteindre, mais pour fuir deux charmantes jeunes filles !

Dissimulé derrière les arbres, je grimpe le talus de la montagne. Un bruit confus de voix me parvient. Les jeunes filles doivent demander si on a vu passer un militaire, un homme répond : « *Er ist aus der Bahn ausgegangen* » (Il est sorti du chemin). Il est plus prudent de m'éloigner et je continue mon ascension.

Je fais halte pour passer la journée un peu en avant d'Imst.

Vers onze heures du soir, je me mets en route. Il est imprudent de m'engager à pareille heure dans une ville. Je me jette dans un champ de maïs pour m'éloigner. Puis, je décide brusquement de tenter la chance pour gagner du temps. Je m'engage dans une longue rue. Les habitants ne sont pas couchés et j'entends des bruits de conversations dans les chambres encore éclairées.

Trois jeunes gens sont assis dans la rue. J'ai dû les intriguer car ils se lèvent et, me prenant pour un Russe, ils commencent à crier : « Russki ». Je me retourne et m'avance invectivant contre eux avec tous les jurons allemands qui me viennent à la mémoire. Devant cette attitude énergique, ils se taisent et battent prudemment en retraite.

Je suis arrivé à l'issue de la ville. Sous un bec électrique, avant que j'aie eu le temps de reculer, j'aperçois un homme de haute stature, vêtu en militaire. Je prends une allure dégagée et je passe. Il m'interpelle. Je lui réponds, sans m'arrêter, que je vais à Milk. Il m'intime l'ordre de m'approcher en disant qu'il est *Wachmeister* Il me demande mon nom. Je réponds Peter Schlehmil, *Tischler* (menuisier). Il ne doit pas avoir lu le roman de Chamisso dans lequel l'homme qui a perdu son ombre porte ce nom, car il n'en paraît point surpris. Il me demande si j'ai des papiers. Je réponds avec assurance : « *Ganz freilich!* » (assurément) et tire mon portefeuille de la poche de ma veste.

Au moment où, rassuré, il tend la main pour les prendre, je fais un brusque demi-tour et m'enfuis sur la route.

Le gendarme court derrière moi. J'ai quelques mètres d'avance qu'il rattrape et j'entends son souffle. Je pense qu'en tenant bon je parviendrai à le distancer, mais un brusque bruit métallique m'épouvante. J'ai l'impression que le gendarme a pris son revolver et, comme un éclair, me vient la pensée qu'au moment d'être distancé, il me déchargera l'arme à bout portant dans le dos. Je me retourne brusquement en levant mon gourdin. L'homme me dépasse et gagne l'autre bord de la route.

Il n'a pas sorti son revolver, mais son sabre. Nous sommes tous les deux à gesticuler, lui agitant son sabre, moi mon gourdin. Il ouvre l'étui de sa ceinture et saisit le revolver. Toute résistance est vaine. Je jette mon gourdin et croise les bras en disant : « *Ich bin ein französischer Gefangene!* » (Je suis un prisonnier français!)

Le gendarme me fait marcher devant lui, m'appuyant la pointe du sabre dans le dos et hurlant qu'il tient un prisonnier français. Des hommes sortent des maisons et nous escortent.

Je suis conduit à la prison, où le gendarme et le gardien me fouillent, puis enfermé dans un cachot; mais avant de m'endormir, je couds la boussole, que je suis parvenu à dissimuler, sous la doublure de ma veste, entre le bras et l'aisselle.

DANS LES PRISONS AUTRICHIENNES

Le lendemain, l'ordre est arrivé de me transporter à Innsbrück.

Ma sentinelle est un gendarme tyrolien, un beau garçon, grand, brun, bien découplé. Il admire beaucoup l'Allemagne qui tient tête victorieusement à tant d'ennemis. Sa haine est dirigée contre les Italiens, ces *Schweinhunde* (chiens de cochons) qui ont trahi leurs alliés.

Mais je n'écoute les développements politiques du gendarme que d'une oreille distraite. Le paysage m'intéresse davantage.

La voie ferrée suit l'Inn. D'abord se succèdent des champs de maïs et de blé, ensuite la vallée se resserre, les montagnes, avec leurs crevasses blanches de neige dominent à pic.

Je réfléchis : mon internement à Innsbrück ne durera pas longtemps ; car je profiterai de la première occasion pour m'échapper. Je ferai donc à pied, en sens inverse, le chemin qui se déroule rapidement sous mes yeux.

A la gare d'Innsbrück, tournoie une nuée de soldats qui partent ou reviennent du front. Vêtus d'uniformes gris déchirés, les souliers troués, ils courent à droite et à gauche, leur gamelle plate à la main, pareils à des mendiants.

Le gendarme m'a remis à deux *Posten* qui me font asseoir dans une salle d'attente. Au bout d'une heure, je demande à l'un d'eux quand on se décidera à me conduire au camp. Il me regarde avec étonnement et me répond que nous devons voyager toute la nuit pour aller à Salzbourg. Cette nouvelle me serre le cœur. Jusqu'ici, je concevais la continuation de mon évasion interrompue ; maintenant que puis-je échafauder pour maintenir l'espérance ?

Nous roulons toute la nuit.

Au matin j'aperçois le château historique de Salzburg perché sur une colline, puis la ville.

Les *Posten* doivent me conduire à un camp de prisonniers où sont enfermés des Russes et des Italiens. Devant la gare sont arrêtés deux tramways électriques qui portent les inscriptions de deux localités urbaines : Grödig et Sankt Leonhard ! Ironie du ciel, me voici encore en présence du Saint qui délivre les prisonniers. Certainement je n'ai pas gagné sa tutélaire bienveillance et je ne pourrai pas, de longtemps, revoir sa petite chapelle, dans le faubourg de Saint-Léonard de Noblat, chez moi, en Limousin !

Nous traversons Salzburg en tramway.

C'est une matinée de dimanche. Le ciel est d'un bleu léger et joyeux. La montagne se dresse pittoresque, verte, piquée de rochers gris et blancs. Des groupes d'excursionnistes, coiffés du chapeau tyrolien à plume, munis d'alpenstocks, cheminent en chantant. Cette vision de vie libre, aimable s'enfonce comme un regret dans mon cœur de prisonnier.

Mais le camp apparaît, sans avoir l'air rébarbatif. Les premières Barackes sont peintes en blanc, il y a de la verdure le long des parois et des vases de fleurs aux fenêtres.

Les *Posten* me laissent dans un bureau ou un Feldwebel, après m'avoir interrogé, me déclare que je suis désormais prisonnier autrichien.

Un geôlier vient me chercher et me conduit à travers le camp ; hélas ! aussi lugubre que de l'extérieur il me semblait séduisant. J'avais aperçu les bureaux de ces Messieurs de l'Administration, maintenant me voici chez les prisonniers.

Je suis enfermé dans un cachot où se tassent six Russes lamentables et pouilleux, échappés eux aussi des prisons d'Allemagne.

Nous sommes conduits à la douche. C'est une pompe manœuvrée à la main. Un gardien à figure de fouine, un bâton ferré à la main, surveille le déshabillage. Mes compagnons russes me font mal à regarder. L'un d'eux, surtout, n'a plus que la peau, on aperçoit le squelette de cet être vivant qui ne sera bientôt plus qu'une chose inerte.

La désinfection se continue par la coupe à la tondeuse et par le rasage des poils du corps, sans savon. La saleté repoussante des instruments me répugne. Je refuse de me soumettre à cette pénible et dégoûtante opération. Je suis, tout nu, en face du garde-chiourme autrichien qui me menace de son bâton ferré. Je deviens furieux à ce geste. Je l'invective violemment en langue allemande et demande à voir le général. Je jure que je porterai plainte devant le gouvernement français. L'homme à face de fouine est impressionné par cet ouragan de révolte. Il s'excuse platement : « *Herr Franzose, Entschuldigen Sie... Ich hielt Sie für einen Russen.* » (Monsieur le Français, pardonnez-moi, je vous prenais pour un Russe.) J'échappe ainsi au rasage.

Nous sommes conduits dans une compagnie de discipline. J'aperçois un lieutenant autrichien. Je lui fais part de mon indignation devant la manière de traiter un prisonnier français en Autriche. Il paraît embarrassé, me donne raison et, comme je tourne la tête, il s'esquive rapidement. C'est ainsi d'ailleurs que je verrai agir, souvent, les officiers autrichiens. Ils n'ont ni la morgue, ni la sévérité des officiers allemands, mais avec une vague formule ils évitent toute initiative.

Après une nuit à la *Strafbaracke* (baraque disciplinaire), je peux me promener dans le camp. Il est peuplé de Russes misérables, en haillons.

Quelques-uns cherchent des herbes pour les manger. D'autres, assis autour d'une marmite d'eau chaude, boivent lentement une gorgée, enlèvent de leur bouche, pour le passer au voisin, un morceau de sucre qui, de plus en plus diminué, fait le tour du cercle.

Dans des allées, des tas grisâtres bougent encore : ce sont des êtres humains exténués, qui, trompant la faim, mettent de la terre dans la bouche. Dans le cimetière du camp plusieurs milliers de Russes sont ensevelis.

Un *Posten* doit me conduire au camp de Deutsch-Gabel, en Bohême. C'est un petit bonhomme brun, barbu, l'air hébété. Il parle seulement un mauvais patois de la région du Vorarlberg. Je lui donne un biscuit qu'il prend en se confondant en incompréhensibles remerciements.

Après avoir roulé durant une nuit, nous arrivons à la gare de Prague.

Nous montons dans un compartiment où se trouvent une jeune femme et un soldat autrichien. La jeune femme parle à mon *Posten*, mais ne comprend point sa réponse. Je m'offre comme interprète. Nous sommes très vite bons camarades. Elle me raconte qu'elle est fille d'un fermier des environs de Reichenberg. Elle est Tchèque, mais parle bien l'allemand parce qu'elle a été élevée dans une institution allemande. Le soldat qui se trouve à côté d'elle est son fiancé, permissionnaire du front italien. Elle m'offre du pain blanc et du café au lait.

Mon *Posten,* qui suit la conversation d'un air très étonné, se précipite comme un chien. Il assure qu'il n'a pas mangé et demande à acheter du pain. Je lui en donne un morceau.

A une station est monté un Tchèque. Il parle assez mal l'allemand, mais a l'air d'un luron. Il revient du front russe, où il faisait partie d'un des régiments qui viennent d'entrer dans Tarnopol. Il a tout de suite commencé à faire des plaisanteries à mon *Posten*. Celui-ci, profitant d'une trêve, s'endort en ronflant.

Le soldat a une idée dont il se hâte de nous faire part.

Je m'assieds dans le coin du wagon. Il met sur moi ma capote noire, fait asseoir la jeune Tchèque sur mes genoux, et réveille le *Posten* en lui criant dans les oreilles que le diable de Français s'est envolé par la portière.

Le malheureux, tout hébété, commence à pousser des clameurs de désespoir, il sanglote. Puis il regarde par la portière, court dans le couloir du wagon, se penche sous les banquettes. C'est une véritable émeute. Il revient sangloter dans le coupé, pendant que les voyageurs rient bruyamment. Retenant la jeune Tchèque sur mes genoux, j'éprouve moi-même, toutes sortes d'émotions bien compréhensibles !

Après dix minutes, pendant qu'il cherche dans le corridor, la jeune femme se lève. Je laisse tomber le manteau et fait semblant de dormir. On appelle le *Posten* qui se précipite, en riant comme un enfant soudain consolé, et me presse les mains.

A la station de Leipa où nous changeons de voie, nous demandons à manger au poste de Croix-Rouge, mais on nous donne seulement un maigre bouillon. Je fais porter mon sac tyrolien par le *Posten* et je lui dis de me suivre au buffet. Il s'assied timidement sur le bord d'une chaise. J'ai changé quelques marks pour des « couronnes » et je fais servir un peu de viande et un café.

Je regrette de ne pas avoir davantage d'argent, sinon je subtiliserais la feuille de transport au *Posten* et je retraverserais l'Autriche jusqu'à la Suisse avec lui.

Nous reprenons le train et nous nous arrêtons à Deutsch-Gabel. Le camp est situé en dehors de la petite ville.

Je suis conduit à travers les Barackes où grouillent des Russes, jusqu'à l'infirmerie du camp. A la tombée de la nuit, je sors de la baraque et m'approche du secteur où sont enfermés les prisonniers français. De l'autre côté des fils de fer, je suis très surpris d'apercevoir deux figures connues : le sculpteur Stoll et l'aviateur de la Guerrande. Je les ai quittés tous les deux à Lechfeld et ne m'attendais pas à les retrouver en

Bohême à plus de mille kilomètres de notre commun point de départ! Stoll m'explique rapidement qu'il s'est évadé du camp de Lechfeld avec de la Guerrande et d'Harcourt, peu de temps après mon départ en Kommando. Ils ont été surpris par les sentinelles au moment où ils traversaient le Rhin à la nage, conduits dans ce camp et sont très inquiets du sort de d'Harcourt qui a été sérieusement blessé.

Je couche à l'infirmerie et, le lendemain matin, je suis conduit à la prison du camp.

Dans le corridor où je séjourne un moment, des carcans et des chaînes sont suspendus au mur au-dessus d'un écriteau qui reproduit le texte d'un édit récent du nouvel empereur Charles supprimant les châtiments corporels et les instruments de torture dans toutes les prisons impériales. Cet édit n'était pas toujours respecté : j'ai rencontré, au camp, un zouave évadé de Saxe, qui, repris dans une petite ville autrichienne, était demeuré au cachot, durant une quinzaine de jours, le poignet droit étroitement attaché au pied gauche, de telle sorte que le malheureux ne pouvait ni se tenir assis, ni étendu. A Deutsch-Gabel, heureusement, l'on respecte l'édit!

Le cachot où je pénètre est une pièce assez vaste, blanchie à la chaux, très claire; il y a même dans un coin un poêle en faïence pour chauffer durant l'hiver.

Le gardien chef de la prison est un Tchèque avec qui je bavarde en allemand pendant mon installation.

Il me dit que ce cachot si bien remis à neuf servait habituellement de cellule au comte Tolstoï.

L'explication qu'il me donne ne manque pas d'une certaine ironie. Un des petits-fils du grand romancier russe, jusqu'à une date récente, était prisonnier à Deutsch-Gabel. Il jouissait de la permission d'aller en ville, sous condition de rentrer le soir; mais, parfois, on le ramenait au camp ivre-mort. Comme en hiver, le cachot était très froid, il avait obtenu l'autorisation d'y faire installer un poêle à ses frais. Ainsi, la guerre, la prison, l'ivrognerie, que le grand écrivain avait tant combattues, prenaient leur revanche sur le petit-fils !

J'étais au cinquième jour de mon incarcération, lorsqu'au matin le gardien chef, précipitamment, vint m'annoncer qu'il avait ordre de me conduire « au rapport ».

Une sonnerie de clairon signale l'arrivée du général, commandant du camp. Je m'immobilise dans le garde à vous réglementaire.

Le général descend de voiture, suivi d'un interprète. Il s'avance d'un air martial vers moi, unique prisonnier amené pour cette cérémonie.

C'est un homme petit, assez gros, grisonnant, l'air niais sous une apparence de morgue.

Il me fait demander si je comprends l'allemand, je réponds que je connais seulement quelques mots.

L'interprète traduit, mais je saisis parfaitement l'interrogatoire au fur et à mesure qu'il est prononcé en allemand.

Le rapport de la gendarmerie d'Imst précise qu'au moment de mon arrestation, j'ai cherché à m'échapper, puis à me défendre.

Je réponds par le récit exact des faits.

Le général d'une voix furieuse, crie que je mens effrontément. « Vous êtes un malfaiteur, puisque vous vous êtes défendu à main armée ! » Il coupe la traduction de mes réponses par une phrase qu'il répète obstinément : « *Es ist ganz ein Roman.* » (c'est du pur roman !) et il termine par des paroles grosses de menaces : « quoique les châtiments exceptionnels aient été supprimés en Autriche, le prisonnier s'étant conduit comme un bandit sera mis au cachot, au noir, jusqu'à nouvel ordre ! »

Il tourne les talons et je suis ramené en cellule.

Lorsque le gardien tchèque pénètre dans mon cachot, je suis en proie à une grande inquiétude. Mais, grâce à Dieu ! je ne suis plus en Allemagne !

Le Tchèque est encore plus perplexe que moi. Il

déclare que le vieux général ne sait plus ce qu'il fait : dans chaque cachot se trouvent déjà plusieurs Russes, il faut en loger encore d'autres, dans ces conditions, il n'est pas possible de me donner, à moi tout seul, une cellule pour me mettre au noir.

Soudain, il a une idée magnifique : « Le général, dit-il, ne va jamais inspecter les Barackes des Français. Je vais vous y conduire. S'il y a des rassemblements, vous vous cacherez pour n'y point paraître. »

Il me fait prendre ma paillasse sur le dos et me conduit lui-même au camp des Français.

AU CAMP DE DEUTSCH-GABEL

Le camp est situé en Bohême, à peu de distance de la frontière de Saxe, près de la petite ville de Deutsch-Gabel.

C'est un vaste espace couvert de Barackes, entouré de fils de fer barbelés, subdivisé en sections pour les différentes catégories de prisonniers de guerre.

Sur une éminence, qu'on atteint par un sentier bordé de fils de fer barbelés, se dressent trois longues Barackes.

Dans l'une sont logés les marins français, équipages de nos quatre sous-marins coulés dans l'Adriatique, le *Curie,* le *Foucault,* le *Fresnel,* le *Monge.* Ils sont vêtus de leur costume bleu, reçoivent en abondance des colis de France et peuvent de temps à autre, par petits groupes, faire des promenades en ville, sous la surveillance de sentinelles.

Dans la Baracke voisine, vivent des prisonniers de guerre, évadés d'Allemagne et repris sur le territoire autrichien; beaucoup d'entre eux se sont échappés des mines de Saxe pour éviter des punitions ou un travail trop pénible. Un certain nombre ont appartenu, autrefois, aux bataillons disciplinaires d'Afrique : bons garçons, mais en rebellion perpétuelle contre toute espèce d'autorité. On voit les vêtements les plus divers : les pantalons rouges de 1914, le bleu horizon de Verdun, le costume civil d'évasion.

Dans la troisième Baracke, grouillent environ soixante-dix matelots anglais. Ce sont des pêcheurs, originaires des côtes d'Ecosse et d'Irlande : trois cuirassés autrichiens ont coulé leurs embarcations pendant qu'ils ravitaillaient des sous-marins dans l'Adriatique. Au mois d'août 1917, ils viennent d'arriver au camp et ne reçoivent pas encore de colis. Ils sont vêtus misérablement d'un costume gris sale, coiffés d'un petit béret de galérien. Très jeunes, souvent ils s'amusent à placer les mains sur les épaules d'un camarade, et à la queue leu-leu, ils se balancent d'un mouvement rythmé, en chantant; alors on a l'impression d'être sur une chaloupe qui tangue au gré des flots.

Pendant que j'étais au cachot, a été conduit au camp de Deutsch-Gabel, un de mes meilleurs amis, Lucien Rahir, Maréchal des Logis au 25e d'artillerie, fait prisonnier comme observateur dans les lignes de mon régiment, le 24 avril 1915. Je l'avais connu au camp de Würzburg, et nous avions été envoyés, en même temps, au camp de représailles de Lechfeld. Au moment où je m'évadais seul par les montagnes du Tyrol, il tentait, avec le sergent Flouet une évasion par les Alpes du Vorarlberg. Son compagnon, malade, avait dû s'arrêter avant le passage de la frontière autrichienne; il avait continué, avait été repris près de la Suisse et amené dans ce lointain camp de prisonniers.

Nous unissons deux infortunes, car le séjour dans les camps d'Allemagne, dans les prisons d'Autriche, les dures fatigues d'évasion, les longues privations, nous ont tellement débilités que nous sommes dans un perpétuel état fiévreux.

J'ai conservé l'adresse d'un de nos bons camarades, Charles Soulas, passé en Suisse, comme malade. Nous lui écrivons pour qu'il avertisse nos familles et nous fasse expédier quelques vivres; mais, en attendant, nous devons nous contenter du très maigre ordinaire du camp.

Au début de la captivité, les marins, paraît-il, s'étaient montrés fort charitables. Mais devant le nombre toujours plus considérable des évadés d'Allemagne, ils sont devenus parcimonieux. De petites querelles n'ont pas tardé à éclater entre les anciens et les nouveaux prisonniers qui, par leur indiscipline, ont rendu le commandement autrichien plus sévère.

Certes, quand nos voisins déballent leurs colis, nous ne serions sans doute pas repoussés si nous adressions une demande ; mais Rahir et moi sommes trop fiers pour solliciter des aumônes. Nous préférons nous tenir à l'écart et faire bonne contenance, autant que peut le permettre notre faiblesse physique.

Je me sens, quelquefois, un peu gênant à cause de ma misère : mes voisins mangent leurs bonnes provisions, mais avec une pointe de remords !

Les Russes parqués, au nombre de plusieurs centaines, dans les baraquements de la partie inférieure du camp, sont vêtus de longues capotes couleur de terre, et forment une masse grise, sale, grouillante. Quelques-uns ont des bottes, la plupart en ont été dépouillés ou les ont échangées contre du pain. Toute la journée ils rôdent à la recherche d'un débris de nourriture. Plusieurs ramassent des herbes et les mâchent. J'en ai surpris deux qui, à l'aide de baguettes, cherchaient à saisir dans les latrines des têtes de maquereaux qu'on y avait jetées.

A l'heure du repas des prisonniers, quelques Russes viennent dans notre Baracke, malgré les refus et les bourrades. Les uns d'un ton humble, les autres se mettant au garde à vous demandent : « *Khlieb! Khlieb!* » (du pain, du pain !) et ils tendent une piécette d'argent, un billet de cinquante hellers.

Les plus misérables attendent, troupe famélique de spectres en guenilles, à la porte de la cuisine. Dès que l'un de nous, la gamelle à la main, sort pour vider des débris, ils se précipitent comme des animaux et c'est, pour quelques arêtes de morue, un véritable pugilat.

A les voir toujours affamés et pleurnichards, les Français se sont durci le cœur et disent couramment : « Ce sont des cochons ! », mais, moi qui ai faim, je sais la cause de leur dégradation et j'ai pitié d'eux.

Rahir et moi, nous avons quitté les marins pour nous installer dans la Baracke des évadés.

Nous commençons à recevoir des colis. Beaucoup d'envois disparaissent, mais comme nous avons également des distributions de biscuits, nous sommes suffisamment ravitaillés.

En Allemagne, nous étions constamment surveillés ; les hommes astreints à des corvées, les sous-officiers à des exercices grotesques. Ici, il y a bien, de temps à autre, de la part des autorités du camp, quelques tentatives pour utiliser ces prisonniers récalcitrants, mais elles donnent seulement lieu à des scènes amusantes.

Un interprète autrichien vient demander quinze ou vingt hommes de corvée ; le chef de Baracke français parvient avec beaucoup de mauvaise humeur à les rassembler. Alors, on voit arriver une escouade de sentinelles qui appartiennent à toutes les nationalités de l'Autriche-Hongrie : Tchèques, Polonais, Croates, Tyroliens, etc... Chacun baragouine dans son dialecte et personne ne comprend le caporal autrichien ; aussi au bout de quelques minutes, tous les Français se sont envolés !

Les sentinelles, en maugréant, descendent vers la zone inférieure du camp pour recruter des Russes, avec force jurons et bourrades. Nous sommes prisonniers dans les fils de fer barbelés, mais indépendants.

Je passe une grande partie de la journée à bavarder avec les matelots anglais ; mais j'ai de la peine à m'habituer à leur argot. Maintenant ils reçoivent des colis luxueux, bondés de friandises et de cigarettes parfumées. On leur a même envoyé des gants de boxe, et je me livre à ce sport avec passion.

Il n'existe aucune organisation de service religieux pour les catholiques : la fête de Toussaint passe complètement inaperçue. Au contraire, dans une Baracke, les offices orthodoxes sont très suivis par une multitude de moujiks qui prient avec une extraordinaire ferveur, en faisant de grands gestes. Il y a également une synagogue, où l'on entend pousser d'étranges vociférations. A sa porte, une nuit, j'ai vu trois hommes à longs cheveux, des papillottes en tire-bouchons encadrant le visage, revêtus de surplis blancs, qui lisaient dans un gros livre de prières, au clair de lune.

Mes compagnons évadés affectent beaucoup de dureté égoïste. Je me souviens d'avoir discuté avec plusieurs d'entre eux le cas de conscience qui s'était posé à nos compagnons Frédéric Stoll et de la Guerrande, lors de leur dernière évasion. Tous les deux étaient parvenus à traverser le Rhin et à gagner la rive suisse, mais leur camarade d'Harcourt, moins bon nageur, avait été blessé d'un coup de feu; ils étaient revenus à la nage, sous la menace des fusils pour lui porter secours. C'était un geste héroïque. Eh bien ! beaucoup de mes interlocuteurs le condamnent, sincèrement, comme un acte de faiblesse !

A mon arrivée dans le camp, il y avait quelques malheureux chats. Or, un « Joyeux », évadé de Saxe, eut l'idée d'en attraper un pour l'accommoder en gibelotte. C'était plutôt une fantaisie qu'un besoin, car les colis arrivaient en quantité suffisante. Mais la mode de dresser des pièges s'étant répandue, de petits drames surgirent. Un quartier-maître, taillé en hercule, avait une profonde affection pour un chat noir, qu'il nourrissait depuis plusieurs mois. Un beau soir, le chat disparut mystérieusement. A la suite d'une courte enquête, le propriétaire découvrit le meurtrier de son protégé : il lui administra un tel coup de poing en pleine figure que les marches d'accès à la baraque demeurèrent rougies de sang, durant plusieurs jours.

Les Russes, tant bien que mal, abritent quelques misérables matous. Quoiqu'ils soient eux-mêmes réduits à la plus atroce famine, l'idée de dévorer ces pauvres bêtes leur paraît diabolique et ils témoignent la plus grande horreur pour cette perversion des Français.

Ces Russes, si pitoyables pour les animaux, ont pourtant d'étranges goûts. Quelques-uns d'entre nous se sont procuré de modestes lampes à pétrole, j'en possède une et, pour l'alimenter, je suis entré en relations avec un moujik qui remplit l'office de lampiste. Il réussit de temps à autre, à dérober un litre de pétrole qu'il vient m'échanger contre quelques biscuits. J'ai remarqué, sans y apporter grande attention que le litre n'est presque jamais plein. Or, un soir, en rentrant à la Baracke, je surprends notre Russe en train d'absorber une bonne lampée de pétrole. Evidemment, s'il n'était pas tellement affamé, il préférerait boire jusqu'à la dernière goutte ce pétrole qui lui procure, sans doute, une singulière ivresse.

Parmi les Russes se trouvent quelques intellectuels, des *Freiwillige* (volontaires d'un an). Un certain nombre d'entre eux, appartenant à des familles aristocratiques, ont été, récemment, envoyés au camp de Reichenberg. Ceux qui demeurent sont, en grande majorité, des Israélites. Ils habitent une petite baraque qu'ils ont assez bien aménagée et sont beaucoup moins misérables que leurs compatriotes, car ils reçoivent, de Suisse, des colis et des livres.

Ils ont formé une troupe théâtrale et j'ai assisté à la représentation d'une pièce de Tchékov où règne toute l'atmosphère de la vie bourgeoise des marchands russes. Un des acteurs, extraordinairement bien maquillé, tient un rôle de femme à s'y méprendre et, lorsque la fiancée reçoit de son amoureux un baiser sur la bouche, on ne peux se défendre d'un frisson voluptueux. J'ai retrouvé ce Russe chez les *Freiwillige* où je prenais le thé. C'est un éphèbe au teint pâle, aux lèvres très rouges, aux yeux de gazelle. Quand il parle d'une voix harmonieuse, il ne peut s'empêcher de lancer des œillades, comme une coquette. Autour de lui s'éveillent des désirs singuliers, des jalousies équivoques.

J'ai fait la connaissance d'un Israélite appelé Michkowski. C'est un homme de trente-cinq ans, de taille moyenne, barbu, qui se promène à grands pas, toujours enveloppé dans un ample manteau gris.

Il est né dans une juiverie polonaise où, tout petit enfant, il lisait le Talmud à ses coreligionnaires. Après l'échec de la révolution de 1905 à Varsovie, il a été, pendant plusieurs semaines, enfermé avec des malfaiteurs de la pire espèce et il évoque des souvenirs atroces de répression tsariste.

Chaque jour, nous nous retrouvons, soit à l'intérieur d'une Baracke, quand il pleut, soit dans le camp où nous déambulons en discutant.

Michkowski possède une érudition énorme, surtout dans les questions économiques et sociales, il est nourri de doctrines néo-marxiste, révisées par les écrivains révolutionnaires russes. Nous nous heurtons durement sur des points essentiels, ce qui ne nous empêche pas de demeurer bons amis et de renouveler inlassablement nos discussions passionnées.

Il se dit Russe et n'attache aucune importance à ses origines israélites. Cependant, un soir, isolés dans un coin de Baracke, faiblement éclairée, nous venons à parler des Juifs assimilés de France et d'Angleterre; alors, brutalement, du plus profond de lui s'est élevé un mouvement d'instinctif dégoût et il m'a crié, les yeux en feu, un hymne à la gloire de la mission d'Israël, comme si, à travers les siècles, retentissait la voix irritée des Prophètes.

Les événements de l'extérieur fournissent à nos entretiens un aliment inépuisable. Nous les connaissons par les journaux autrichiens, achetés en ville, et par des gazettes allemandes d'extrême gauche qu'introduisent des Tchèques du service d'infirmerie.

Les nouvelles de la guerre, en novembre et décembre 1917, sont inquiétantes pour le succès de l'Entente. L'armée italienne a subi des échecs sanglants, les Bolcheviks se sont emparés du pouvoir en Russie et semblent disposés à signer une paix séparée avec les empires centraux.

Le gouvernement autrichien fait répandre dans les camps un journal, imprimé en russe, pour agir sur le moral de ses innombrables prisonniers. Aussi, les Russes en effervescence tiennent-ils des soviets qu'excitent des orateurs improvisés.

Les Français, plus entêtés que jamais dans leur nationalisme intransigeant, injurient les anciens alliés et chassent tous les moujiks qui continuent à venir mendier.

Le 7 décembre, vers trois heures de l'après-midi, je me trouvais dans le centre du camp. Soudain des clameurs retentissent et une horde de Russes se précipite vers le terrain où les Français et les Anglais ont l'habitude de jouer au foot-ball.

Une échauffourée vient de se produire : un Anglais a bousculé un Russe, des moujiks sont accourus pour soutenir leur compatriote; des coups ont été échangés. On relève un Français, le visage en sang, pendant que des sentinelles autrichiennes arrivent au petit pas paisible des gardiens de l'ordre.

Dans les deux Barackes françaises et dans la Baracke anglaise c'est, maintenant, un branle-bas de bataille. Chacun prépare des armes, fixe une grande pointe au bout d'un bâton, fabrique une massue. Allant de groupe en groupe, sans grand succès, j'essaie de calmer les esprits.

Il est assez facile de défendre l'accès de nos Barackes contre une petite attaque, mais s'il y avait lutte sérieuse, comment résister à la poussée d'une foule en fureur?

A la nuit, je prends la résolution dangereuse d'aller voir ce qui se passe chez les adversaires. Je revêts la longue capote noire, qui m'a servi au cours de ma dernière évasion, et je m'aventure dans le camp russe où, à ma grande surprise, je ne rencontre personne.

Dans la baraque des *Freiwillige*, presque vide, j'apprends que les Russes tiennent un meeting, très surexcités, prêts à tenter un mauvais coup. On me conseille de m'enfuir au plus vite. Mais il est déjà trop tard, des voix furieuses hurlent. Michkowski, suivi de plusieurs de ses camarades, se précipite vers moi et me reproche violemment d'être venu là aussi imprudemment. Je réponds qu'il faut à tout prix éviter un conflit abominable. « Mais, s'écrie-t-il, c'est le souffle des pogroms : on ne retient pas de pareilles forces déchaînées ! »

Immédiatement, les *Freiwillige* barricadent la porte. On entend des clameurs d'enragés, puis, soudain, un coup de fusil.

Après une accalmie, les cris de mort retentissent autour de la Baracke, les cloisons sont ébranlées par des chocs de pierres : les Russes, qui ont dû apprendre la présence d'un Français, refluent de notre côté.

Je rassemble toutes mes forces pour faire bonne contenance, mais je ne peux garder d'illusions sur le sort qui m'attend : je suis sous la faible protection d'une poignée de Juifs qui tremblent plus que moi, parce qu'ils ont dans le sang la terreur panique du pogrom !

Soudain, des jurons en allemand et de violents coups de crosse dans la porte. On ouvre. Un *Zugführer* (sous-officier autrichien) se précipite, revolver au poing, suivi de trois soldats. Il demande où se trouve le Français et, m'apercevant, il m'ordonne de sortir au milieu des sentinelles. Dehors se tient un détachement de *Posten*, baïonnette au canon. Nous traversons ainsi le camp, pendant qu'autour de nous se presse la cohue hurlante des Russes, grimaçant et brandissant d'énormes briques.

Dans ma Baracke, j'apprends que des Russes s'étaient approchés en bandes. Il y a eu un commencement de bagarre. Une sentinelle, placée derrière les barbelés, a tiré un coup de fusil, des *Posten* sont accourus pour séparer les combattants et garder les issues.

Le lendemain, nous avons reçu l'ordre de nous rassembler. Le général, commandant le camp, est venu. Il a fait traduire par l'interprète une brève allocution : puisque les prisonniers se sont rendus coupables de troubles, il saura lui, mettre la paix entre les alliés; pour le moment, il ordonne aux Anglais et aux

Français de ne plus descendre dans la zone inférieure du camp. Mais la semaine suivante, nous recevons
un contre-ordre : nos baraquements doivent être affec-
tés à un autre usage et nous sommes installés au milieu
des Russes.

Chose singulière, l'animosité entre les Anglo-Fran-
çais et les Russes s'est apaisée comme par miracle, et
notre installation s'opère dans le plus grand calme. Les
Anglais et les Français ont chacun leur Baracke. L'espace est restreint pour les trois cents hommes qui sont
logés dans la nôtre, mais les prisonniers sont d'une
extrême ingéniosité. Comme on nous a permis de prendre des planches dans un chantier, toute une partie de
la Baracke se transforme en une véritable colonie
aérienne. Ceux qui nichent en haut sont obligés d'utiliser des échelles. Nous ne nous plaignons pas trop d'être
à l'étroit : dans cet hiver de 1917, en Bohême, le ther-
momètre descend, la nuit, à 25° au-dessous de zéro.

En compagnie de Michkowski, je m'occupe à des lec-
tures en langues anglaise et allemande, car j'avance lentement dans l'étude du russe. Nous avons trouvé un troisième compagnon, Forweather, un étudiant anglais,
boursier de l'université d'Oxford, qui a été pris sur le
front de la Piave. C'est un garçon charmant et très fin.
De temps en temps, j'étudie aussi la langue italienne
avec un Italien qui, déguisé en Russe pour s'évader
d'un camp lointain, a été amené à Deutsch-Gabel.
Absorbé par toutes ces études linguistiques, un peu
pêle-mêle, j'essaie d'échapper à l'abrutissement de la
captivité.

Les nouvelles des négociations de paix du côté russe,
du gros effort que l'Allemagne va tenter sur le front
français démoralisent les prisonniers.

J'ai résolu de réagir par de courtes conférences. Une
fois par semaine, le soir, il y a grand rassemblement
dans la Baracke, une table me sert de tribune. Je fais

connaître les événements de la guerre, les mouvements de politique intérieure et termine par des conclusions aussi raisonnables que possible, mais toujours optimistes.

Le succès de ces allocutions a été très grand, aussi mon ami Forweather veut-il en faire profiter ses camarades anglais. Il me prie de venir à ses côtés pendant qu'il reprend l'exposé dans la Baracke anglaise. Avec une modestie excessive il déclare qu'il se contente de traduire mes paroles et termine invariablement par cette phrase, tout en me serrant la main : « *We must thank sergeant Gorceix both for his appreciations and the hope he gives us for the final success of the Entente!* » (Nous devons remercier le Sergent Gorceix de ses appréciations et de l'espoir qu'il nous donne dans le succès final de l'Entente!)

Mais les pêcheurs anglais, qui écoutent attentivement répondent d'ordinaire par des murmures : leur amour-propre national, simpliste, n'admet pas qu'un Français ait l'air de commander leur opinion! Ils m'appellent « *the french devil* » (le diable français) et me considèrent sans beaucoup de sympathie.

De nouveaux prisonniers arrivent, parfois, à Deutsch-Gabel : ils viennent de Saxe, du front italien, des Balkans. Un jour, on introduit ainsi quatre Annamites de notre armée d'Orient.

Je me préoccupe peu de tous ces misérables, qui sont aussi démunis que moi lors de mon arrivée à Deutsch-Gabel. Une fois que je revenais de la cuisine, en portant sur une assiette le contenu fumant d'une boîte de conserves, j'ai saisi au passage cette réflexion d'un pauvre diable : « Tu parles de frères, ces anciens! On est bien des Français comme euss, mais ce qu'il nous laissent claquer du bec! » et un autre d'ajouter : « Quand ces bourgeois s'en sont foutu plein la lampe, alorss on a becqueté nous aussi. »

Réflexion amère! L'homme, il est vrai, ne peut se rendre compte des iniquités sociales que si lui-même en a souffert, et sa faculté d'oubli est tellement grande qu'il perd vite le souvenir de son ancienne misère.

L'inconscience de ceux qui possèdent est si formidable qu'ils s'amusent même à dépouiller les plus pauvres. Le soir, dans notre Baracke, quelques Russes, en haillons, viennent échanger, après d'interminables marchandages, du pain contre des cigares et des cigarettes. A plusieurs reprises, j'ai vu faire un coup ignoble : l'électricité brusquement s'éteint, les cigares et les cigarettes sont volés, et quand la lumière revient, les malheureux, honteusement dépouillés, sont chassés avec des rires bruyants par ces champions du Droit et de la Civilisation. Je me suis vivement indigné contre ces procédés infâmes, mais les bons garçons repus n'y mettent pas grande malice : ils ne voient pas la laideur de l'acte, mais seulement son côté plaisant !

Le soir, après avoir dîné, je sors de la baraque, seul. La neige est épaisse, des flocons voltigent dans le crépuscule. Je suis la piste qui longe les fils de fer barbelés. Je marche d'un pas rapide, et bientôt, comme mus par ce mouvement violent, les souvenirs, les aspirations, pêle-mêle, font une tempête dans mon cerveau. Je vais vite, encore plus vite, en proie à un véritable délire. Il me semble que j'ai la fièvre et, de temps en temps, comme un verre d'eau, j'avale l'air glacé.

Mais il faut rentrer et j'ai peur de l'obscurité épaisse où traînent des relents de tanière. Quelquefois, au milieu de la nuit, je m'éveille. J'entends des appels plaintifs, puis tout retombe au silence. Singulières sensations : musiques fantastiques, zébrures aiguës déchirant l'ombre !

L'inquiétude charnelle hante la Baracke obscure. Tant de corps jeunes entassés ! Désirs inassouvis qui s'exhalent en plaintes ! Il y a bien toute la résistance de vieux instincts qui opposent leur digue aux expansions. Je sais... oui... quelques exceptions... des Russes... pour un morceau de pain !

Mais les amitiés entre prisonniers s'enveloppent d'un

charme trouble dont nul ne peut se défendre :

Oh ! ne détourne pas tes yeux bleus de mes yeux.
Ils ont une caresse étrange et langoureuse,
Loin de la vie, au fond de l'Enfer ténébreux ;
Ils portent les reflets de la lumière heureuse.

Va, nous pouvons sans crainte échanger nos regards,
Ils n'ont pas la froideur des yeux d'Hermaphrodite,
Ils glissent, clairs et chauds, jusqu'à l'âme, interdite
Peut-être de sentir leur doux émoi si tard.

Tes jolis yeux ont la douceur des yeux de femme.
Laisse couler leur baume aux blessures du cœur.
Ne souris pas. Regarde, avec l'effroi vainqueur
De savoir le secret douloureux de mon âme,

Tu ranimes les feux qui semblaient apaisés.
Les visions d'amour jusqu'à moi vont descendre :
Amoureuses, en chœur, levez-vous de la cendre,
La rougeur sur la joue et les seins oppressés !

La guerre se prolonge indéfiniment et j'ai des raisons de craindre d'être ramené en Allemagne. Depuis quelque temps déjà, les « casque à pointe », sont venus chercher au camp le sculpteur Frédéric Stoll et l'aviateur de La Guerrande.

Mais vers quel pays m'évader ? Dans ces temps inhumains, l'Europe est presque tout entière en guerre. La Suisse ? Elle est à plus de mille kilomètres !

Un jour, je demande à Michkowski : « Tiendriez-vous, en ce moment, à vous trouver en Russie ? » Il me répond sincèrement : « Si l'on me disait, pour passer immédiatement en Russie, donnez une de vos mains, je répondrais sans hésiter : coupez-la ! »

Alors je lui propose de partir avec moi. Il hésite quelques minutes, réfléchit et d'une voix triste : « Hélas, je ne peux pas tenter une pareille aventure. Je vous entraînerais à un échec. Je me connais bien : l'énergie morale ne me fait pas défaut, mais je n'ai pas la force physique nécessaire. Je n'ai pas peur de la mort, mais l'idée de recevoir des coups, d'être menacé d'une fusillade me clouerait sur place. »

Je sens que cet homme dit vrai; mais je regrette de renoncer à cet espoir, car j'aurais aimé à m'enfuir en Russie.

N'ai-je pas d'ailleurs, à mes côtés, un sûr compagnon d'évasion, Lucien Rahir. Déjà, à Lechfeld, il avait songé à s'évader avec moi, mais il s'était tu, sachant que j'étais engagé envers un autre camarade.

Il est un peu plus jeune que moi, il a vingt-quatre ans. Avant la guerre, il tenait une ferme, aux environs de Château-Thierry, avec ses parents qui ont dû fuir devant l'invasion. C'est un garçon vigoureux, énergique, d'un cran extraordinaire. Fait prisonnier, conduit devant un capitaine allemand qui avait dit : « Vous êtes artilleur, indiquez-moi l'emplacement de vos batteries de 75 », il avait répondu d'un ton catégorique : « Fusillez-moi immédiatement, je ne répondrai pas un mot. »

Nous nous préoccupons de sortir du camp sans éveiller l'attention. Les sentinelles, qui baragouinent tous les jargons de l'empire Austro-Hongrois, se laissent acheter pour quelques biscuits; mais, en traversant les fils de fer barbelés avec leur complicité, on court le risque d'être trahi et de voir confisquer tout le matériel d'évasion.

Je m'adresse à un prisonnier qui, en la circonstance, peut nous rendre d'utiles services. C'est un homme beaucoup plus âgé que nous, apoplectique, très gueulard. Parti d'un camp d'Allemagne, difficile à déterminer, il est arrivé à Deutsch-Gabel en costume de soldat de la légion étrangère et s'est octroyé les galons de sergent. Il se dit Alsacien, mais certains affirment qu'il est originaire du pays de Bade. Une fois, pendant qu'il dormait, je l'ai entendu prononcer des mots boches; aussi, dans un moment d'humeur, l'ai-je surnommé *Bochiman*. Comme il parle le dialecte allemand à merveille, il est au mieux avec les sous-officiers du camp. Il sort en ville librement et rend de multiples services aux prisonniers, en effectuant des achats interdits.

Je lui demande de repérer, au cours d'une de ses sorties, un endroit où l'on pourrait franchir, sans danger, les barbelés, et je lui donne en récompense quelques boîtes de conserves.

Une nuit, alors que tous sommeillent, il vient m'avertir qu'il a réussi à trouver un passage satisfaisant.

Je réveille Rahir et nous sortons, tous les trois, pour vérifier l'exactitude de son affirmation.

La nuit est obscure, le camp couvert d'une épaisse couche de neige.

Bochiman nous conduit derrière une petite cahute, située près des fils de fer barbelés. Il nous dit que là, sans avoir à craindre les sentinelles, on peut se glisser à plat ventre, couper les fils, et gagner le large, sans rencontrer à l'extérieur aucun poste de garde.

Je me jette à plat ventre pour me rapprocher des barbelés, mais, brusquement, de l'autre côté des fils de fer une ombre surgit. J'aperçois un revolver au bout d'un bras tendu :

« *Sie Sind auf frischer Tat ertappt! Wenn Sie fort zukommen versuchen, Sind Sie tot!* »

(Vous êtes pris sur le fait. Si vous essayez de fuir, vous êtes un homme mort!)

Mais, d'un coup de reins, je me suis déjà rejeté derrière la cahute. Bochiman prend la fuite. Avec Rahir, pendant que l'autre hurle comme un possédé, dans l'ombre, je regagne à quatre pattes notre baraque où nous nous étendons rapidement sur nos paillasses.

Le lendemain, je suis appelé au rapport du général. Je suis un peu inquiet, mais comme personne n'a pu nous apercevoir au cours de notre expédition nocturne, je suppose que je suis convoqué pour un autre motif.

Dans la salle du rapport, le général, court de taille, bedonnant, couvert de dorures, interroge quelques Russes. A ses côtés, comme interprète pour les Français, se tient Bochiman.

Le général fait traduire : « Mes services m'ont appris que vous prépariez un mauvais coup. La nuit dernière un *Feldwebel* vous a surpris quand vous alliez couper les fils de fer. Qu'avez-vous à répondre? »

Je regarde le général bien dans les yeux : — Je ne comprends rien à cette accusation fantaisiste. »

— Vous êtes un personnage dangereux. Quand on vous a arrêté dans la vallée de l'Inn, vous vous êtes défendu à main armée.

— A mon arrivée au camp, j'ai déjà répondu que c'était faux.

— Vous n'êtes pas un prisonnier comme les autres. Toujours vous excitez vos compatriotes contre nous. Vous devriez être déjà fusillé.

L'interrogatoire se poursuivant de plus en plus confus, le général termine par une phrase qu'il traduit lui-même, en appuyant bien sur les mots, comme s'il l'avait soigneusement préparée :

« *Vor dem Krieg, hielt man die Franzosen für ein Kulturvolk; seit dem Krieg, sind aber alle französischen Intellecktuellen zu Banditen geworden!* » (avant la guerre, on tenait les Français pour un peuple de culture; mais depuis la guerre, tous les intellectuels Français sont devenus bandits!)

A la sortie du rapport, j'attends Bochiman et le conduis à l'écart. Il me dit d'une voix gouailleuse :

— As-tu vu si on l'a bien roulé le vieux ramollot! Il n'a pas pu te coffrer.

Mais je le regarde sans aménité :

— Tu me prends donc pour un imbécile. Quel est ton jeu? Tu m'as vendu.

— Tu es fou.

— Le Feldwebel ne pouvait pas me reconnaître dans la nuit. Il n'y a que toi qui aies pu me dénoncer.

— Alors, dis-je, je suis un « mouton »!

— Oui, et je vais le faire savoir aux copains.

A ces mots, sa figure apoplectique est devenue verdâtre. Il fouille dans sa poche, hurle qu'il va m'éventrer et se sauve vers notre Baracke en poussant des jurons.

J'habite, avec Rahir, le côté de la Baracke réservé aux marins.

J'aime à écouter les récits de leurs aventures. L'équipage du *Fresnel* a été pris sur un îlot lorsque le sous-marin eut échoué.

Celui du *Foucault* s'est échappé quand les tôles de protection eurent été crevées par une bombe d'avion.

Les marins du *Curie* rappellent, avec d'infinies variantes, les heures d'agonie, à quarante mètres de profondeur dans les traîtres filets de Pola.

Ceux du *Monge* racontent leur dramatique sortie à la nage sous les obus autrichiens. Quelquefois, l'un d'eux évoque la fin héroïque du commandant de bord, le lieutenant Roland Morillot, qui n'a pas voulu survivre à son sous-marin.

Depuis que je fais des conférences pour mes compagnons, je suis entouré de l'estime et de la sympathie de tous ces braves gens. J'ai fait partager à beaucoup mes soupçons vis-à-vis de Bochiman qui, d'ailleurs, cherche à me fuir ; mais par prudence, j'ai toujours mon couteau dans la poche droite de mon veston.

Je voudrais faire convoquer un petit conseil de guerre où celui que je soupçonne de trahison aurait à répondre des charges réunies contre lui. Mais dans ces affaires louches la vérité est bien difficile à connaître. Un des marins a pris la défense de Bochiman. C'est un garçon très courageux que j'estime. Il y a quelques mois, avec un camarade, il a pu voyager, par le train, jusqu'à l'Adriatique, voler une petite barque et a été repris sur un champ de mines. A l'heure actuelle, purgeant une peine de cachot pour quelque peccadille, il réussit à nous faire parvenir de petits billets pour essayer de prouver que mes soupçons ne sont pas fondés.

Si la peur d'une trahison émeut tellement les prisonniers, c'est qu'il y a une grande entreprise en cours : on creuse un tunnel, qui doit avoir une centaine de mètres, pour permettre une évasion en masse.

J'ai beaucoup de méfiance à l'égard de ce projet qui me semble voué à l'échec. D'ailleurs, pour éviter les perquisitions possibles, j'ai transporté dans la Baracke des *Freiwillige* le matériel d'évasion que nous avons préparé avec Rahir : deux costumes civils, taillés dans du gros bleu militaire par des tailleurs russes ; nos provisions de biscuits et de chocolat ; nos cartes ; ma boussole phosphorescente ; une somme de six cents couronnes ; deux faux papiers d'identité, timbrés aux armes des autorités Impériales et Royales, au moyen d'un cachet sculpté dans une pomme de terre.

Personne, il est vrai, ne peut se douter du travail souterrain qui se poursuit activement. On découvre, en soulevant quelques planches à l'intérieur de la Baracke, l'orifice d'un puits où, chaque nuit, descend une équipe de terrassiers qui creusent à la lueur d'une ampoule électrique.

Une nuit, vers onze heures, j'entends, tout à coup, pousser des clameurs : « Eteignez toutes les lampes. » Je me précipite vers un rassemblement et je reconnais, non loin de l'orifice du puits, un petit *Feldwebel* à mine chafouine. Il est enveloppé dans un manteau gris de soldat russe, déguisement qui lui a permis de tromper la surveillance de nos veilleurs. Le revolver au poing, il cherche à s'approcher des planches qui dissimulent l'entrée du tunnel où travaille une équipe, pendant que des prisonniers s'efforcent de retarder sa marche.

Soudain, le *Feldwebel* crie : « *Zu Hilfe! Zu Hilfe!* » (Au secours ! au secours !) Aussitôt par les quatres portes se précipitent des soldats autrichiens, baïonnette au canon. Ils ont l'air furieux, affolés, hurlent dans toutes les langues de l'empire ! Les prisonniers sont refoulés, à coups de crosse, hors de la Baracke et entourés d'un triple rang de sentinelles ; presque toute la garnison du camp de Deutsch-Gabel!

Avant que nous puissions reprendre nos esprits, nous sommes conduits dans une grande Baracke vide, et enfermés avec défense de sortir sous peine de mort. On cherche à se reconnaître les uns les autres dans l'obscurité. Des *Bat'd'Af,* habitués à jouer du couteau, circulent : « Nous avons été vendus par Bochiman. Où est ce cochon pour qu'on le saigne! » mais ni cette nuit, ni plus tard, ils ne pourront retrouver Bochiman qui a disparu du camp mystérieusement.

Au matin, entourés d'une formidable escorte en armes, nous sommes amenés sur l'Alarm-Platz. Beaucoup d'entre nous n'ont pu s'habiller complètement.

Une sonnerie de clairon annonce l'arrivée du général. Il descend de voiture, escorté de tout son Etat-Major, et se place sur une petite éminence. Son interprète traduit, à voix très forte : « Les prisonniers français du camp de Deutsch-Gabel se sont rendus coupables de sédition. Ils doivent reconnaître les massues fabriquées pour assommer les sentinelles. » En même temps, un sous-lieutenant élève au-dessus de sa tête deux bâtons flexibles au bout desquels sont fixés de gros écrous : ce sont les fleurets dont se servait Bochiman pour donner des leçons d'escrime. L'interprète continue : « Nous savons que les prisonniers ont dissimulé dans leur Baracke des armes et des grenades et qu'ils sont en relations avec les mauvais éléments du dehors. L'enquête sera menée jusqu'au bout et les meneurs recevront le châtiment mérité. »

Nous sommes reconduits à la Baracke d'où nous ne devons sortir qu'accompagnés. Ce gâteux de général va donner à l'affaire une tournure qui peut avoir les plus graves conséquences! Heureusement, nous trouvons une parade. La surveillance des sentinelles ne tarde pas à se relâcher et nous remettons à des Russes des lettres qui doivent être jetées dans les boîtes postales en ville, par les hommes de corvée. Dans ces lettres, adressées à nos familles, nous faisons connaître les faits réels et la singulière interprétation des autorités. Elles ne parviendront certes pas à leurs adresses, mais elles seront expédiées à Vienne, où l'on craindra les représailles de l'Entente.

Notre calcul était juste. Quatre jours après arrive au camp un général inspecteur. C'est un homme grand, maigre, triste. Je suis trop compromis, par ailleurs, pour faire partie de nos délégués. Mais les marins, patrons de baraque, parviennent sans peine à réduire l'incident à ses proportions réelles. D'autant plus qu'une fouille sérieuse n'a rien révélé de suspect, pourtant les paquetages ont été minutieusement examinés, les planches de la Baracke déclouées, le sol creusé.

Après cette chaude alarme, nous ne réintégrons plus l'ancienne Baracke, mais la vie monotone reprend son cours.

Nous savons par un des interprètes du service des colis que le général a été furieux de recevoir un pareil camouflet.

Il désire être débarrassé, le plus vite possible, de ces remuants Français qui troublent la quiétude des autorités du camp; aussi ne sommes-nous pas surpris d'apprendre, un jour, au rapport, que le commandant réclame des volontaires pour le travail en Kommando.

EN KOMMANDO AUTRICHIEN

Le vendredi 19 avril, au matin, je suis réveillé par un vacarme inusité : les prisonniers qui doivent partir aux travaux de la campagne se préparent.

Nous sommes une troupe d'environ quatre-vingts hommes. Je peux, sans grande difficulté, dissimuler une boussole phosphorescente et des cartes.

Mais c'est seulement le soir, à sept heures, que notre groupe, encadré de *Posten*, est conduit à la gare pour l'embarquement.

Nous sommes enfermés dans des wagons à bestiaux, que des camarades facétieux, connaissant un peu l'allemand, rangent dans la « *Schwein Klasse* » (la classe des cochons). Quelques prisonniers se réunissent autour de l'un d'eux qui joue du violon pour chanter, durant de longues heures, des chansons de marche.

Le lendemain matin, à onze heures, nous arrivons à Prague. Notre train stationne en gare pendant que tombe une petite pluie froide.

Nous touchons une gamelle de bouillon et un peu de pain. Nos gardiens appellent ce frugal repas du nom pittoresque de « Ménage ». « *Kommen Sie hier für Menage* » — « *Haben Sie Menage bekommen?* » (Venez ici pour le Ménage. — Avez-vous touché le Ménage?)

Sur le quai, je bavarde en allemand avec deux Tchèques qui paraissent très francophiles. De la portière d'un train en partance, une femme nous jette quelques paquets de cigarettes.

A six heures du soir, nous remontons en wagon. J'ai appris d'une sentinelle que Rahir, moi et deux autres

camarades nous étions désignés pour aller à Grieskirchen, petite ville autrichienne située au sud-ouest de
Linz, malheureusement assez loin de la frontière suisse.

Le lendemain, dimanche, nous nous arrêtons dans la
gare de Linz. Durant la halte, je profite de l'inattention
des sentinelles pour tenter une petite expérience : tête
nue, enveloppé dans mon manteau gris bleu, je me mêle
aux voyageurs civils et militaires, qui circulent sur les
quais et, sans éveiller l'attention, je peux me diriger
vers la bibliothèque de la gare où j'achète deux ou trois
journaux.

J'en conclus que l'on peut voyager sur les voies fer-
rées en Autriche, même en parlant mal la langue, ce qui
eût été impossible en Allemagne.

Notre petit groupe de quatre prisonniers, gardé par
un *Posten,* grand campagnard d'une quarantaine d'années, monte dans un train à voie étroite et débarque à
Grieskirchen vers trois heures de l'après-midi.

Nous traversons la petite ville et sommes conduits
devant le *Burgermeister.* C'est un homme énorme, à
triple menton, qui remplit de sa corpulence un immense
fauteuil. Je comprends assez mal la conversation, en
dialecte autrichien, qu'il tient avec le *Posten.* Après
avoir parcouru nos feuilles signalétiques, il **paraît**
embarrassé pour nous placer chez ses administrés ; un
maréchal des logis, agriculteur ; un adjudant, aviateur ;
un sergent, tailleur ; un sergent, professeur !

Rahir et moi sommes envoyés comme ouvriers dans
une brasserie, l'aviateur Kessner comme domestique
dans une auberge et Guibert chez un petit tailleur qui est
venu le réclamer.

Avant de nous séparer, nous avons une conversation
rapide. Les uns et les autres nous avons l'intention de
nous évader et nous décidons de partir en deux groupes,
le même jour. Je serais d'avis de partir au plus tôt, mais
Kessner m'objecte assez justement que les cols des

Alpes doivent être encore obstrués de neige et qu'il vaut mieux attendre quelques semaines.

Le lundi matin, nous sommes de nouveau rassemblés tous les quatre, pour être conduits à la gendarmerie où l'on doit prendre notre signalement individuel.

Nous entrons dans une petite salle ou un *Feldwebel* se tient avec un autre gendarme. Le *Feldwebel* enlève gravement un fixe-moustache, car la moustache, en tous pays, joue un grand rôle dans l'autorité de la Maréchaussée! Les formalités accomplies, il nous tient un petit discours en allemand. Nous serons bien traités, mais nous devons travailler dur et ne pas monter dans les chambres des filles de mauvaise vie (certainement il n'y en a pas dans ce village, mais cela complète bien la valeur morale des recommandations). Quant à la nourriture on nous servira ce qu'on pourra, si l'on ne fait pas mieux, c'est la faute de l'Angleterre.

Le *Verwalter* (Administrateur) de la brasserie, nous a fait installer, Rahir et moi, dans une chambre où couche également un militaire autrichien. Dans une salle à côté, sont logés cinq Russes qui travaillent aussi dans la brasserie. Le *Posten* qui assume notre surveillance habite ailleurs et vient nous voir de temps à autre. Evidemment, il est très facile de s'enfuir, la seule difficulté consiste à emporter les sacs tyroliens, chargés de vivres, sans éveiller l'attention.

Les premiers jours, je suis envoyé en compagnie de deux Russes et d'un ouvrier autrichien dans le voisinage du bourg : nous tirons les cailloux d'un ruisseau aux bords escarpés et les voiturons dans des brouettes à bras. Le travail, presque sans pause, est exténuant. En rentrant à la brasserie, je suis employé au rinçage des tonneaux. Les ouvriers qui travaillent avec moi sont de véritables brutes et, au cours des manutentions, je prends bien garde qu'ils ne fassent pas rouler dans ma direction quelque tonneau plein qui me casserait les

jambes. Nous sommes très insuffisamment nourris, mais
nous ne voulons cependant pas toucher à la précieuse
réserve de nos biscuits.

J'ai eu une altercation violente avec l'ouvrier autrichien, pendant la quotidienne corvée de cailloux. Aussi
le *Verwalter* me dispense-t-il de ce travail pour me gra-
tifier d'un labeur différent, mais encore plus pénible.
Dans les caves humides, grimpé sur une échelle, je dois
nettoyer les tuyaux qui sont scellés au plafond et les
enduire d'un produit huileux. Mes mains sont gluantes
et noirâtres, l'huile retombe en lourdes gouttes sur ma
figure. J'ai failli me faire électrocuter par une conduite
de courant électrique qu'on ne m'avait pas signalée.

C'est dans un sombre réduit que je reçois la lettre
d'une de mes cousines qui me parle d'un roman de Louis
Bertrand et ajoute qu'on devrait aimer seulement les
pays de soleil. Moi, sale, dégoûtant, exténué, dans mon
existence de manœuvre improvisé, je rêve un instant du
charme de la vie libre.

La soirée du samedi et la journée du dimanche (seul
dimanche que nous devions passer à Grieskirchen),
apportèrent une diversion à notre labeur de forçats.

Rahir, à la corvée de cailloux, avait rencontré, près
du ruisseau, trois jeunes filles qui témoignèrent du désir
d'entrer en conversation avec nous, si nous pouvions
avoir quelques moments de liberté.

Le samedi soir, vers quatre heures, notre tâche est
achevée. Nous allons nous faire raser dans un salon de
coiffure en face de la brasserie. La fille du patron, jolie
brune d'une vingtaine d'années, passe le savon, le fait
mousser avec ses doigts, pour livrer ensuite le visage du
client au rasoir paternel. Ce petit détail pourrait amuser un touriste, mais il est troublant pour des jeunes
hommes privés depuis des années de tous les charmes
féminins de l'existence. D'ailleurs, nous nous sentons
l'âme de collégiens en vacances.

Nous nous dirigeons hâtivement vers la villa où habite
une des jeunes filles rencontrées par Rahir. Cette villa,

isolée dans un vaste jardin, à quelque distance du bourg, est cachée dans la verdure. Nous passons très ostensiblement sur la route, puis revenons nous asseoir près de la palissade.

La charmante inconnue savait à quelle heure nous devions essayer de venir, elle nous a sans doute aperçus. A peine sommes-nous assis que les notes harmonieuses d'un piano s'envolent d'une fenêtre et une voix jeune et fraîche chante en allemand avec une douceur prenante.

Le lendemain, dimanche, après le déjeuner, nous partons à la recherche de la tannerie où habitent les deux autres jeunes filles. Nous les trouvons sur le pas de la porte. Elles nous font entrer dans la maison. Leur père, qui a l'apparence d'un brave bourgeois, ne comprend que l'allemand, mais l'aînée de ses filles parle un peu le français et très bien l'anglais et l'italien. On nous offre une collation : du pain beurré, des pommes, du cidre. Nous bavardons sur tous les sujets possibles. Le tanneur nous répète avec insistance que la grande coupable dans cette guerre, c'est l'Angleterre !

A quatre heures, nous prenons congé et, par un long détour, nous revenons à la villa de la jeune cantatrice que nous apercevons couchée dans un hamac, tout près de la palissade.

Notre bavardage prend vite l'allure d'un véritable « flirt ». C'est une gracieuse blonde, au visage potelé, aux yeux bleus. Elle a des petites manières de dame dédaigneuse pour dire que les habitants de Grieskirchen sont tous des « *Dumme Kerle* » (de sottes gens). Elle s'appelle Kuni. Elle veut être cantatrice et son rêve est de chanter à l'opéra de Vienne. Quand nous la quittons, elle nous tend à chacun une fleur. Court et délicieux moment de poésie juvénile ! En tournant la tête, à la courbe de la route, nous la voyons agiter son mouchoir comme pour dire : « Au revoir ! au revoir, mes amoureux français. » Mais c'est adieu que nous devrions répondre, romanesque Kuni, que je ne reverrai jamais plus !

Au lieu de rentrer directement à la brasserie, nous allons retrouver notre camarade Kessner dans l'auberge où il travaille comme valet de ferme. Nous montons dans la mansarde où il est logé et confectionnons avec deux ou trois boîtes de conserves un léger, mais succulent repas de France. Rahir et moi sommes discrets sur notre aventure, sans doute parce qu'elle est d'ordre sentimental. Kessner, lui, est assez furieux contre les femmes, car il doit se défendre des privautés de la *Kellnerin* (bonne d'auberge) qui l'accompagne aux champs. Nous avons aperçu, en traversant la cour, cette robuste fille, mais Kessner a des principes, — qui n'ont pas été, loin de là ! respectés par les prisonniers français en Kommandos — d'après lesquels une femme d'une nation ennemie est une Boche et non plus une femme. Nous nous amusons beaucoup de la rigueur sincère de cette morale de guerre !

Le lundi, nous recommençons à vider des cuves d'eau sale, à remuer des tonneaux ; mais le soir, au crépuscule, nous nous échappons. Nous retrouvons, près de la maison du tanneur, les deux jeunes filles et plusieurs de leurs amies. Nous bavardons jusqu'au moment où le *Posten*, parti à notre recherche, vient nous chercher pour nous ramener à la brasserie.

Nous suivons le même programme le lendemain. Le groupe des jeunes femmes s'est élargi. Nous avons autour de nous un véritable essaim. Plusieurs d'entre elles émettent le désir d'apprendre le français. Ce serait, certes, très agréable d'enseigner notre langue à ces aimables Autrichiennes. Il ne s'agirait pas d'effusion de cœur, car le nôtre est déjà gagné à la jeune et romanesque cantatrice. J'ai même senti poindre une certaine jalousie entre mon compagnon et moi.

La conversation est brusquement interrompue par l'arrivée du *Posten*, le fusil à la main, tout à fait furieux, cette fois.

Dans la journée, un soldat permissionnaire en a poi-

gnardé un autre en pleine rue, aussi craint-il quelque
histoire dramatique qui lui vaudrait certainement une
punition.

Nous lui éclatons de rire au nez et comme il devient
menaçant, nous lui rappelons avec hauteur — sans
même nous apercevoir du comique de la situation —
qu'il faut nous traiter avec la déférence que l'on doit à
des militaires français.

Durant la nuit, j'ai réfléchi qu'il serait dangereux
pour le succès de notre évasion d'attendre plus longtemps. Nous sommes au premier mai, les cols des Alpes
doivent être moins surveillés en cette période de fonte
des neiges, il est préférable d'agir au plus tôt.

Au matin, je communique ma décision à Rahir et,
d'un commun accord, nous choisissons, comme date, le
dimanche suivant, jour le plus favorable pour fuir en
emportant nos provisions.

Le jour même, nous commençons les préparatifs.
Nous avalons le repas en quelques minutes pour profiter
de la pause d'une heure et demie dont nous bénéficions,
à midi. Nous mettons tremper le linge que nous voulons
emporter : une chemise de rechange, un caleçon, trois
paires de chaussettes, un gilet de laine. Puis je quitte
la brasserie et vais trouver notre camarade Guibert
pour l'avertir de notre détermination.

Le petit tailleur chez qui travaille notre camarade
habite dans une modeste maison, non loin de la brasserie. La famille est à table.

A peine sommes-nous dans la rue que Guibert me
communique les renseignements qu'il tient de son
patron, sous le sceau du secret. Nous devons êtres ramenés tous les quatre, le soir même, au camp de Deustch-
Gabel.

Depuis notre arrivée à Grieskirchen, la petite ville
nous épiait anxieusement par les gros yeux et les larges
oreilles de son énorme *Burgermeister*. Les notables

avaient rapporté à cet important fonctionnaire des nouvelles étranges, en désignant de façon toute particulière les deux Français de la brasserie : des prisonniers parlant plusieurs langues, instruits, connaissant à fond la politique des Puissances Centrales se trouvaient à Grieskirchen! Comment ces Français acceptaient-ils d'être des hommes de peine, ne rechignant devant aucune dure besogne, s'ils n'avaient des desseins secrets? Mais on ne trompe pas un *Burgermeister* vigilant : ces Français faisaient de l'espionnage à Grieskirchen au grand détriment des Puissances Centrales. Le *Burgermeister* avait adressé une plainte à Vienne. Par télégramme la réponse était venue, péremptoire : nous devions, le soir même, brusquement, sans que nous eussions le temps de combiner un mauvais coup, être ramenés au camp.

Je demande à Guibert ce qu'il compte faire. Il me répond qu'il lui paraît plus prudent de rentrer à Deutsch-Gabel pour remettre à plus tard la tentative. Très nettement je lui déclare que je vais essayer de profiter de la première occasion favorable pour m'enfuir avec Rahir, soit au départ, soit au cours du voyage. Il me quitte alors pour aller avertir Kessner, en me promettant tout leur appui en cas de besoin.

Je rentre à la brasserie et, en quelques mots, je mets Rahir au courant. A la hâte nous tordons notre linge mouillé que nous plaçons dans nos sacs tyroliens, sur nos provisions de route. Personne ne vient nous dire de nous mettre au travail et cela suffit pour confirmer la nouvelle de notre prochain départ.

A quatre heures de l'après-midi, le *Posten* nous ordonne de nous préparer, séance tenante, pour rentrer au camp. Nous jouons, naturellement, la stupéfaction et nous récriminons avec violence.

Bientôt nous sommes équipés. Notre costume nous donne l'allure de deux ouvriers d'usine, sur la tête nous avons notre képi militaire, mais nous avons dissimulé sous notre veste un chapeau de feutre.

Nous avions apporté chacun une grande caisse, fermée à cadenas, armoire classique du prisonnier, car j'avais pensé qu'elles rassureraient nos gardiens sur notre ferme intention de faire un long séjour en Kommando. Pour transporter ces deux caisses nous empruntons au matériel de la brasserie une petite charrette à bras.

En cours de route, nous arrêtons un plan hâtif. Nous avons ordre de nous diriger vers l'auberge où se trouve Kessner. Le *Posten* marche à nos côtés, tenant son fusil, baïonnette au canon. En ayant l'air de plaisanter comme des gamins, nous courons et avons pris une avance d'une cinquantaine de mètres en arrivant à l'auberge. Nous connaissons les lieux : il y a un portail, une cour sur laquelle donnent les bâtiments et qui n'est séparée des champs que par une palissade.

Nous hélons Kessner, sans nous arrêter. Il nous crie : « Ça va, ça va! Je vais amuser le zèbre. Bonne chance! »

D'un bond nous sautons par-dessus la palissade, courons une centaine de mètres, nous aplatissons derrière un buisson pour enlever nos képis et prendre les chapeaux. Nous voici, maintenant, à peu près semblables aux gens qui parcourent la campagne autrichienne en quête d'achats de vivres ou de maraudages.

Nous traversons des champs labourés, à vive allure. Des paysans relèvent la tête, mais aucun ne tente de nous barrer le chemin, car le paysan, en tout pays, intervient rarement dans les affaires qui ne le regardent pas. Ils fourniront des renseignements sur notre passage, mais c'est à nous de donner une fausse piste aux gendarmes, qui ne doivent jouir que du flair réglementaire. On nous poursuivra probablement vers le Sud, dans la direction de la frontière suisse, nous nous dirigeons donc, à la nuit tombante, vers le Nord-Est.

Après avoir parcouru environ huit kilomètres sous une bruine persistante, nous nous arrêtons dans un petit bois de pins, non loin du hameau de Polham, jusqu'à la nuit complète.

Nous repartons à travers champs, en utilisant ma boussole phosphorescente, pour rejoindre une voie ferrée, que j'ai repérée sur notre carte de la région au 300.000ᵉ. Nous longeons le talus, sur un sentier, jusqu'à deux heures du matin. Pour ne pas être surpris par l'aube, nous nous réfugions sous les petits pins d'un bois où nous somnolons, plusieurs heures, dans nos vêtements imbibés comme des éponges.

La matinée est heureusement ensoleillée et nous pouvons nous étendre dans une clairière pour nous sécher.

Nous avons des biscuits et du chocolat pour vivre au moins trois semaines, mais nous sommes bien décidés à prendre le train pour ne pas nous épuiser dans une randonnée de plusieurs centaines de kilomètres.

Devons-nous prendre pour but la Suisse ou l'Orient?

Il serait assez pratique de monter dans le train à Linz pour la direction Innsbruck-Bludenz : nous descendrions à Imst et reprendrions l'itinéraire de ma précédente évasion près du point où elle avait été interrompue. Il n'y a pas plus de trois cents kilomètres par voie ferrée, mais nous ignorons si les cols des Alpes sont franchissables.

La route vers l'Orient est beaucoup plus longue, puisque nous aurons à parcourir plus de douze cents kilomètres. Nous savons par les journaux autrichiens qu'une mission française se trouve en Roumanie sous le commandement du général Berthelot : il s'agirait de la rejoindre à travers l'armée allemande. Ou bien, une fois engagés dans les Balkans, nous pourrions nous diriger à travers la Serbie vers l'armée d'Orient. Après avoir bien tergiversé, nous ne sommes pas plus avancés qu'au début de la discussion. Nous attendrons que le hasard lui-même décide! Nous nous sommes bien chauffés au soleil, nous avons mangé deux biscuits et du chocolat et nous nous sentons jeunes et dispos.

Nous devons entrer de nouveau en contact avec les hommes, puisque nous voulons prendre le train à Linz : c'est un peu angoissant !

Je conserve le sac tyrolien au dos, Rahir arrange le sien en un paquet plié dans des journaux. Nous avons ainsi l'allure d'ouvriers d'usine.

Nous atteignons la route qui conduit à la petite ville d'Eferding d'où nous pensons gagner Linz, à la tombée de la nuit.

Nous croisons quelques personnes sans paraître éveiller le moins du monde leur attention et, vers six heures, nous arrivons à Eferding.

A l'entrée de la ville, un tramway électrique, portant l'inscription Linz, vient justement de s'ébranler. Nous le rattrapons, sautons sur le marche-pied et pénétrons à l'intérieur.

Je m'installe tout en reprenant haleine. Mon compagnon au moment de s'asseoir a voulu tirer la porte à glissière. Or, une grosse dame rougeaude, qui est demeurée sur la plateforme pour surveiller un paquet, a placé si malencontreusement la main que la porte en se fermant lui pince violemment les doigts. Elle crie, geint, vitupère. Rahir parle très mal l'allemand ; aussi se contente-t-il de lever les bras, de se frapper la poitrine et de mimer des excuses comme s'il était muet. Enfin il vient s'asseoir près de moi, laissant sa victime souffler piteusement sur ses doigts endommagés.

Le receveur s'approche. Je lui tends un billet de dix couronnes. Il me rend la monnaie sans que j'aie eu rien à préciser en dehors des mots : « *Linz, zwei Plätze* » (Linz, deux places).

Sur la banquette, en face de nous, se trouvent un civil déjà âgé et un sous-officier autrichien. Evidemment, nous les intriguons par notre allure et par notre mutisme.

Ils n'ont échangé aucune réflexion à notre sujet dans les premiers moments, mais le « civil » regarde avec curiosité le sac et le paquet que nous avons déposés dans le filet et il marmonne à son voisin des paroles que je

saisis mal. Alors le sous-officier répond, très distincte-
ment, de manière que nous l'entendions : « *Es will mich
dünken, die beiden kerls haben einen bösen Streich
gemacht. Wäre ich von Dienst, so würde ich sie aufhal-
ten.* » (Ces deux types m'ont l'air d'avoir fait un mauvais coup. Si j'étais de service, je les arrêterais.) Quoique très inquiet, je regarde, impassible, à travers la
vitre, filer les arbres de la route.

Le tramway est à peine arrêté que nous bondissons
dehors pour franchir la sortie. A la porte de la petite
gare, se tiennent deux employés d'octroi qui inspectent
les bagages. Par ces temps de famine, les citadins partent en expédition à travers la campagne et reviennent
avec des provisions achetées ou maraudées. Mais comment exposer aux yeux éblouis des employés les biscuits
français et une quantité de chocolat qui dépasse peut-
être, en ce moment, toutes les réserves de la ville de
Linz !

Heureusement d'autres que nous doivent avoir intérêt
à ne pas faire inspecter leurs sacs ! Il y a une véritable
cohue de gens qui s'échappent en courant.

Je passe vivement sans être arrêté. Rahir a moins de
chance. Un des employés met la main sur son paquet et
cherche à le lui arracher. Le paquet roule à terre et
Rahir, qui a fréquemment joué comme trois-quarts au
foot-ball, bondit, le ramasse et me rejoint à toutes
jambes.

EN ROUTE VERS L'ORIENT

Dans les rues de Linz, nous errons à l'aventure. Enfin nous nous décidons à entrer dans un *Gasthaus,* espèce d'auberge louche où nous nous faisons servir un verre de mauvaise bière et indiquer le chemin de la gare.

Avant d'entrer dans le hall, nous nous asseyons sur un banc, un peu à l'écart. Un détachement de soldats, équipés pour le front, fait halte tout près de nous. Quoique nous soyons abrités de la lumière crue des becs électriques par les feuilles des marronniers, les soldats nous aperçoivent, nous montrent du doigt et paraissent plaisanter aux dépens des « embusqués ». L'un d'eux se détache des rangs, s'approche de nous et dit à Rahir, d'un ton mi-railleur, mi-agressif : « *Nimm mein Gewehr!* » (Prends mon fusil!) Comme nous baissons la tête en gardant le silence, le loustic, aux applaudissements de ses camarades, reprend place dans la section, qui ne tarde pas à se remettre en marche.

Il est environ minuit lorsque nous pénétrons dans la gare. Les voyageurs, militaires et civils, se pressent déjà aux guichets. Nous sommes encore hésitants. Est-ce vers la Suisse, est-ce vers l'Orient que nous allons tenter la chance?

Une phrase de Lamartine, qui m'a déjà souvent servi dans les circonstances difficiles, me revient à la mémoire : « Il faut laisser quelque chose à la Providence! »

Le premier train qui doit partir, d'après l'horaire, est le train de Vienne.

Le sort en est jeté : nous allons risquer l'aventure vers l'Orient !

Mais il s'agit de prendre les billets. Rapide conciliabule. A quoi bon se faire arrêter tous les deux à la fois? Je remets mon sac tyrolien à Rahir qui doit demeurer près de la porte. Si l'on me demande des papiers et que l'on fasse mine de m'arrêter, il doit prendre la fuite pendant que je chercherai à me dégager.

Très sagement, mais avec un petit serrement de cœur, j'attends mon tour : « *Wien, zwei billets dritter klasse* » (Vienne, deux billets, troisième classe). Je pousse les « couronnes » à travers le guichet. L'employée, car c'est une femme, tend les deux billets et la monnaie, sans me réclamer aucun papier.

Nous passons sur le quai.

Un femme en chapeau à plumes, poudrée, lèvres rouges s'avance vers nous et, avant que nous eussions pu faire demi-tour, elle engage la conversation en allemand. Nous répondons très brièvement à cette aimable personne. « Vous parlez mal l'allemand, dit-elle, d'où êtes-vous? — De Reichenberg, en Bohême. — Oh! moi aussi, s'écrie-t-elle », puis elle commence à parler en tchèque avec volubilité. Je me tourne vers mon compagnon et dis : « *Kolik je hodin* ». En tchèque, ces mots signifient : « Quelle heure est-il? » Quand j'étais au cachot, les sentinelles se criaient l'une à l'autre cette question, j'ai retenu les paroles et la prononciation. Puis me tournant vers la dame, je déclame en allemand : « Que la vie est triste, que les Tchèques sont glacés d'effroi, etc., etc... »

Elle me regarde, interloquée, et croyant que je suis un peu fou, elle salue et s'éloigne à la recherche d'un client moins singulier.

Les voyageurs se précipitent vers les portières du train qui entre en gare.

Nous apercevons sur un wagon la pancarte « *für Militäre* » (pour militaires). Comme nous sommes aussi des militaires, instinctivement nous pénétrons dans ce compartiment. Mais le *Schaffner* qui contrôle les billets, s'approche de nous et dit sévèrement : « *Sie sind Zivilis-*

ten, dürfen nicht hier bleiben» (Vous êtes civils, vous ne devez pas demeurer ici) et il nous conduit par la porte de communication dans un autre wagon. En passant près d'une dame, incorrigible distrait, j'ébauche le salut militaire français.

Nous somnolons sur une banquette et le lendemain matin, à sept heures et demie, nous arrivons à Vienne.

Nos sacs tyroliens roulés en paquets sous le bras, nous gagnons la rue à travers une foule bruyante.

Nous allons droit devant nous à la recherche d'un gîte. Mais où? Comme nous nous sommes arrêtés au coin d'une rue pour lire une plaque indicatrice, une brave petite vieille en cheveux, vêtue très modestement s'approche et nous demande quelle rue nous cherchons. En un allemand hésitant et trop grammatical, je dis que nous sommes des Tchèques, que nous venons chercher du travail à Vienne, que nous voudrions trouver une auberge bon marché.

La bonne femme comprend notre embarras et nous conduit, non loin de là, à un hôtel de modeste apparence, « *Zum goldenen Fässchen* » (Au tonnelet d'or).

Nous remercions la complaisante petite vieille et nous entrons avec beaucoup d'assurance pour demander une chambre, qu'on nous loue quatre couronnes par jour.

La chambre est sombre, assez spacieuse, meublée de deux lits. Nous procédons à des ablutions et à l'époussetage de nos vêtements. Puis, comme il serait imprudent de passer toute la journée à l'hôtel, nous ficelons très soigneusement nos paquets, les dissimulons sous un lit et sortons faire une promenade.

Dans une petite librairie, j'achète un plan de la ville. Nous arrivons sur le *Ring*, large boulevard, bordé de palais et de jardins. Voici deux grands musées, la statue colossale de Marie-Thérèse, le palais du Parlement, le *Rathaus*, immense édifice de style gothique, l'Université dont les perrons sont encombrés d'étudiants en costumes d'officiers autrichiens.

J'ai dissimulé le plan de Vienne dans la manche de ma veste et je le consulte de temps à autre : mais cette curiosité ne va pas tarder à nous faire courir un sérieux péril.

Nous avons l'impression d'être suivis par un personnage inquiétant.

Nous changeons de trottoir, il nous imite ; nous prenons une ruelle transversale, il nous suit. Nous revenons derrière le *Rathaus,* nous nous asseyons sur un banc, ayant l'air de nous intéresser prodigieusement à l'architecture du superbe Hôtel de Ville. L'homme est venu s'asseoir sur le même banc, ne nous quitte pas des yeux et semble attendre le moment favorable de nous interpeller.

Sans échanger aucun mot, brusquement nous nous levons et marchons très vite. Le maudit détective s'est levé et emboîte le pas.

Heureusement, la Providence, protectrice de l'évadé, intervient et nous sauve. Un cheval emballé, tirant une voiture sans cocher, dévale d'une rue, poursuivi par des jeunes gens, pendant que la foule des promeneurs s'affole. Nous prenons la course à travers la cohue et nous engouffrons dans une ruelle latérale. Nous ralentissons l'allure, mais marchons vivement, sans échanger aucune parole, pendant plus d'une heure.

A l'aide de notre plan, nous pouvons revenir d'un lointain faubourg jusqu'au *Goldene Fässchen.* Il serait très agréable de prendre un peu de nourriture chaude, mais les prix affichés aux portes des restaurants sont beaucoup trop élevés pour nos bourses.

Devant quelques auberges populaires, un écriteau annonce une soupe et un plat de légumes, mais une foule affamée, haillonneuse, stationne de longues heures avant l'ouverture. Il serait très imprudent de faire la queue en compagnie de gens du peuple rendus bavards par l'attente ; aussi nous contentons-nous de dévorer dans notre chambre trois biscuits et deux tablettes de chocolat.

Le lendemain matin, à sept heures, après un bon somme, nous allons prendre un *Ersatz-Kaffee* dans un petit caboulot des environs où il y a peu de clients. La patronne, après nous avoir servis, commence à bavarder. Elle se lamente sur la tristesse de la situation présente. Autrefois elle vendait de bons produits, mais elle n'a plus que de méchants « *Ersätze* » et ne peut même pas manger à sa faim. « *Die Behörden wissen es nicht; dauert aber der krieg fort, so sind wir alle des Todes, binnen zwei Monaten!* » (Les autorités ne savent pas, mais si la guerre continue, dans deux mois, nous serons tous morts!) Il est vrai que, dans notre randonnée d'hier, la capitale autrichienne nous a paru bien misérable : pas de vivres aux devantures, pas de boucheries ouvertes, promeneurs aux habits élimés, au visage amaigri.

Il s'agit pour nous de prendre le train sans avoir à demander des renseignements trop précis. Or, il y a sept gares à Vienne. Nous pouvons apprendre de la bavarde hôtelière que les voyageurs pour Buda-Pesth doivent aller à l'*Ostbahnstation*.

Nous prenons un tramway qui nous conduit dans cette gare et, sur un tableau indicateur, nous lisons qu'il y a seulement un train pour Buda-Pesth, à huit heures du soir. Nous avons donc encore toute une journée à passer à Vienne.

Nous allons nous asseoir dans un jardin public, tout proche de la gare, et nous grignotons un biscuit tout en devisant. Est-il plus sage de regagner notre chambre pour y passer la journée ou bien de déambuler à travers la ville? Des moineaux attentifs à nos gestes descendent des branches. Ils sont aussi hardis que des moineaux parisiens, mais beaucoup plus affamés. Nous en avons pitié et partageons quelques miettes de biscuits avec eux. Du biscuit français durant la guerre, quelle aubaine pour des moineaux viennois!

Nous revenons au *Goldene Fässchen* et, à la buvette,

nous prenons une chope de bière. Le patron paraît très intrigué et voudrait engager la conversation avec nous. Il est donc plus prudent de ne pas séjourner dans la chambre.

D'ailleurs il m'est venu en tête une folie que mon compagnon cherche à combattre en vain : je veux visiter le Versailles autrichien, me promener dans Schœnbrunn et contempler le paysage du haut de la Gloriette.

Nous suivons une des grandes artères de Vienne, la *Mariahilferstrasse* qui aboutit à Schœnbrunn. En passant devant une librairie, j'aperçois à la devanture des cartes des différents fronts : je choisis une carte de la Roumanie au 300.000e et fais en même temps l'emplette d'une édition courante des *Memoiren aus einem Toten-hauss,* de Dostoievski.

Nous arrivons devant le château impérial de Schœnbrunn et pénétrons dans le parc par une porte de côté. Les jardins, de style classique, sont très bien tenus; en bordure des allées, les tilleuls sont taillés symétriquement et forment comme des murailles de verdure. Nous contournons le bassin de Neptune et atteignons la butte où se dresse le vaste portique de la Gloriette. On y monte comme à l'Arc de Triomphe de Paris par un escalier intérieur. Nous lisons que l'entrée est gratuite pour les militaires, aussi, sans plus réfléchir, nous engageons-nous dans l'escalier, lorsqu'un gardien se précipite et nous ramène au guichet pour nous faire prendre deux tickets de *dreissig Heller* (trente centimes).

Du haut du portique, où nous sommes seuls, nous parcourons du regard ces vastes jardins et ce splendide palais de Schœnbrunn où, il y a plus de cent ans, Napoléon imposait sa volonté aux vaincus. Le soleil descend derrière le rideau des fumées de Vienne et je me sens pénétré par un indicible sentiment de mélancolie.

Au moment où nous nous éloignons de la Gloriette, une femme âgée qui surveille un enfant dans une allée l'interpelle en langue française : « Allons chercher des fleurs! » Ah! la douceur de ces syllabes. Les larmes me viennent aux yeux, car depuis bien longtemps aucune voix féminine n'avait parlé sans accent notre langue française et tant de sauvagerie me séparait du passé!

Nous regagnons le *Goldene Fässchen,* prenons nos paquets et montons dans un tramway qui nous porte à l'*Ostbahnstation.*

Une foule bariolée qui parle toutes les langues de l'Europe Centrale se presse dans le hall. Je prends la file au guichet : « *Buda-Pesth, zwei billets, dritter klasse* » (Buda-Pest, deux billets, troisième classe) et nous passons sur le quai, où stationne le train déjà bondé. Tant bien que mal, nous parvenons à nous hisser sur la plateforme arrière du wagon. Il ne faut pas songer à s'étendre ou à s'asseoir. Je m'arc-boute contre la paroi pour me dégager d'un énorme Turc qui m'écrase. Demi-somnolent, incapable de discerner la réalité du rêve, je suis emporté à travers la nuit, à toute vapeur, comme dans un cauchemar fantastique et trépidant.

Au matin, apparaissent les hautes cheminées des usines de Buda, et le train, après la traversée du Danube, s'arrête dans la gare de Pesth.

Nous sortons sans difficulté, mais les noms de rues, les enseignes des commerçants sont en hongrois, ce qui nous embarrasse pour chercher un hôtel.

Il faut pourtant que nous trouvions à nous abriter durant la journée. Nous avons arrêté le plan très sage de ne voyager que la nuit : pendant le jour, les voisins de compartiment veulent lier conversation, le vérificateur des billets pose des questions indiscrètes; au contraire, la nuit, on s'enfouit derrière un journal, on bâille, on fait semblant de dormir, et si l'on est obligé de répondre à une question, personne n'est surpris de l'incohérence des réponses d'un voyageur somnolent.

Dans une ruelle, nous apercevons un petit hôtel louche. Nous entrons. Une caissière se tient derrière un bureau vitré. En allemand, je demande à louer une chambre pour la journée. La femme nous dévisage et répond : « *Aus welchem Land Sind Sie?* » (De quel pays êtes-vous?) — « *Aus der Italienischen Grenze* » (De la frontière italienne). Immédiatement elle m'interroge en italien. Je réponds, de manière très confuse, en cette langue, dont je connais quelques bribes. Alors l'inquiétante caissière dit en allemand : « *Wenn sie deutsch oder italienisch sprechen, haben sie das französiche accent!* » (Quand vous parlez l'allemand ou l'italien, vous avez l'accent français!) Je déclare en italien que j'ai travaillé en France avant la guerre. Mais je ne me fais aucune illusion sur le peu de vraisemblance de mes réponses. Je verse « dix couronnes ». Une servante nous conduit à une vaste chambre sombre dont la fenêtre donne sur une cour intérieure.

Nous cachons nos bagages sous le lit, procédons à quelques ablutions et sortons dans la rue.

Après avoir erré dans le quartier, nous arrivons dans un beau parc, le *Varosliget*.

Par cette matinée ensoleillée de printemps, nous regardons passer les coquettes voitures à chevaux où minaudent des femmes élégamment vêtues.

Vers midi, nous rencontrons sur une large avenue un tramway qui porte l'inscription *Nyugoti* (Westbanhof). C'est la gare où nous pourrons prendre le train pour continuer notre randonnée. Nous montons dans le tramway et, quelques minutes après, nous sommes dans le hall de la gare. Un tableau porte les indications en hongrois et en allemand. Nous lisons qu'il y a un train, à huit heures du soir, pour la direction Temesvar.

Il est indispensable que nous revenions chercher nos sacs tyroliens à l'hôtel, où nous les avons laissés. Nous suivons la ligne du tramway pour retrouver le quartier. C'est le commencement de l'après-midi. Buda-Pesth donne une impression très différente de celle que nous avons gardée de Vienne.

Les magasins d'alimentation sont bien pourvus de victuailles, des morceaux de viande fraîche couvrent les

3ᵉ ÉVASION : ITINÉRAIRE A TRAVERS L'EUROPE CENTRALE ET LA ROUMANIE

étaux des boucheries, des marchands promènent dans les rues des voiturettes chargées de gâteaux et de bonbons.

Cette ville orientale, sous le soleil de mai, dans le bruit des bottes, les cliquetis des baïonnettes, les éclats de rire des Magyares fardées, dégage comme une odeur violente de guerre et de rut.

Avec beaucoup de peine, nous retrouvons l'hôtel et, sous l'œil étrangement ironique et cruel de la caissière, nous montons dans notre chambre.

Affamés, nous dévorons quatre ou cinq biscuits avec du chocolat et buvons toute la carafe d'eau tiède et fade. Rahir se jette sur le lit et ne tarde pas à s'endormir.

Je m'étends sur un sofa poussiéreux, étoilé de taches louches, mais je ne parviens pas à fermer l'œil.

Je vais essayer de lire. En prenant mon sac tyrolien bien soigneusement ficelé, je m'aperçois qu'en notre absence on a certainement touché à nos paquets, qui ne sont plus exactement à la même place.

Je me plonge dans la sombre lecture des « Mémoires de la Maison des Morts » de Dostoievski.

L'hôtel est bruyant : des rires d'hommes, de petits cris de femmes, un bruit de cuvettes remuées dans les chambres voisines.

Je suis pris à la gorge comme d'un étouffement avec une inquiétude moite dans l'être tout entier.

Je me lève pour pousser contre la porte, fermée à clef, un vieux bahut boiteux et, m'approchant de la fenêtre, je constate avec épouvante, en regardant à travers les carreaux couverts de crasse, qu'il est impossible de chercher à fuir par là.

Avec une incroyable lucidité, je vois que nous sommes pris dans une sorte de traquenard.

La caissière, dès notre arrivée, a discerné que nous étions des étrangers. Elle a dû avertir la police. Pourquoi n'avons-nous pas été arrêtés dès notre retour ? Sans doute parce qu'il ne peut venir à l'esprit de personne que nous sommes des prisonniers de guerre évadés. On doit nous prendre pour des espions. Peut-être même sommes-nous pistés par des détectives depuis notre séjour à Vienne? La police, évidemment, veut chercher à connaître nos accointances et nos complices.

Dans l'état de surexcitation où je me trouve, je laisse libre champ à mon imagination. D'ailleurs, il nous serait difficile d'échapper à l'accusation d'espionnage, même en faisant reconnaître notre véritable identité. Des prisonniers qui auraient voulu simplement s'évader se seraient dirigés vers la frontière suisse, assez rapprochée de notre Kommando de travail, au lieu de venir séjourner dans les capitales ennemies. Comment expliquer notre arrêt à Vienne, durant deux journées remplies tout entières par des promenades fantaisistes?

D'autre part, je ne suis plus le prisonnier évadé qui, deux fois, a cherché péniblement et simplement à rejoindre son pays pour reprendre sa place au front. La longueur de la captivité, des réflexions amères m'ont impressionné profondément. Je veux coûte que coûte, comme une bête en cage, reconquérir ma liberté. Je suis bien décidé à ne plus vivre une vie diminuée entre des fils de fer barbelés ou dans un cachot : je jouerai ma partie jusqu'au bout. Mon seul regret c'est d'avoir pour toute arme un couteau au lieu du revolver que j'ai vainement cherché à me procurer à Deutsch-Gabel. Le vieux gâteux de général autrichien a fini par avoir raison : l'intellectuel français est devenu un bandit!

Je ne suis pas encore repris; puisque jusque-là l'entreprise a été menée avec un sens avisé des difficultés à vaincre, je vais la continuer.

Il est évident qu'en poursuivant notre voyage à deux, si nous sommes signalés, nous courons bien des chances d'être repris, même si nous réussissons à sortir de ce maudit hôtel. Il faut donc que nous nous séparions. Rahir pourra continuer son évasion vers la frontière roumaine, moi, je change mon plan : je me dirigerai vers la Russie. Au camp, j'avais été souvent hanté par la pensée d'aller voir ce monde nouveau en bouillonnement, et comme un feu apaisé jette, parfois, une flamme subite, l'ancien désir surgit en moi.

Ma résolution prise, je réveille Rahir. Je lui explique combien il est dangereux de continuer ensemble l'évasion et je lui annonce que je vais le quitter. A cette déclaration brutale, mon compagnon, qui est un garçon très simple et très franc, traduit par une mimique expressive la stupéfaction la plus absolue. Il croit d'abord que je suis pris d'un accès de fièvre, mais, devant mon attitude résolue, il s'aperçoit bien que je parle sérieusement et de sang-froid.

Alors c'est une scène ridicule dans cette poussiéreuse chambre d'hôtel. Mon compagnon me reproche de manquer à un engagement d'amitié au moment du danger et de sacrifier le succès de notre évasion à une fantaisie égoïste. Il est vrai que j'ai honte, déjà, d'avoir pensé à fuir seul d'ici et à laisser mon camarade dans le piège, d'autant plus que l'accusation qui peut peser sur nous est autrement grave que la faute de simple évasion!

J'abandonne donc mon projet, et nous finissons par nous réconcilier.

Nous préparons nos paquets et prenons nos dispositions pour tenter de fuir si l'on cherche à s'opposer à notre passage.

Nous ouvrons la porte, descendons l'escalier prestement et sans bruit.

Mes pressentiments étaient assez justes.

Au moment où nous passons devant le bureau vitré, la caissière, surprise de nous voir sortir, se dresse, nous crie de nous arrêter et lance des appels en hongrois. Mais nous courons vivement et nous nous perdons bientôt dans un dédale de rues.

Toute grande ville donne aux fugitifs l'impression qu'il est impossible à des policiers de les suivre à la piste; c'est un sûr instinct qui pousse les criminels, en temps de paix, à venir se dissimuler dans les grosses agglomérations.

Au bout d'une heure, nous avons retrouvé toute notre tranquillité d'esprit et nous déambulons du côté de l'Ile Sainte-Marguerite, comme de paisibles promeneurs.

Nous avons, pourtant, une préoccupation qui nous hante et quand nous sommes bien à l'écart, nous échangeons à ce propos nos réflexions. Il est dangereux de retourner à la gare Nyugoti. Mais que faire? Partir à pied vers la frontière roumaine? Au plus court, le trajet présente plus de six cents kilomètres à travers la plaine hongroise, vaste étendue cultivée où la population parle une langue inconnue. Chercher à rejoindre une des grandes stations sur la voie ferrée Buda-Temesvar-Orsova, soit à Kecskemet, à Feleghjhaza, à Szegedin? mais à cause de notre ingorance complète de la langue magyare, c'est une entreprise très dangereuse.

Aller nous cacher dans la campagne environnante et revenir à Pesth prendre le train dans deux ou trois jours? Ce serait le plus prudent, mais nous avons hâte de nous éloigner. Peut-être la solution la plus simple, la meilleure, est-elle d'essayer de prendre le train immédiatement, puisque rien ne prouve qu'on nous ait déjà vus dans le hall de la gare de Nyugoti où nous n'avons parlé à personne.

Cependant c'est avec une appréhension très vive que nous rôdons autour de la gare. Nous regardons attentivement la grande horloge pour n'avoir pas à pénétrer sur le quai avant le départ du train à 8 h. 5'. Puis, quand le moment est venu, nous entrons dans le hall d'un pas décidé. Au guichet, je demande deux billets pour Temesvar. J'ai calculé à peu près le prix, d'après la distance kilométrique et le coût du voyage entre Vienne et Buda-Pesth. L'employé me rend quelques pièces de monnaie. Nous atteignons le train presque au moment du départ.

Nous avons trouvé deux places dans un coupé à peu près vide. Le *Schaffner* vient poinçonner nos billets sans nous poser aucune question. Avec l'adresse de gens déjà expérimentés, nous ouvrons chacun un journal allemand, acheté à Vienne et nous nous absorbons dans notre lecture. D'ailleurs, très fatigués par l'insuffisance de nourriture et les émotions de la journée, nous ne tardons pas à dormir profondément jusqu'à l'aube.

Au matin, nous arrivons à Temesvar.

Tout près de la gare, nous entrons dans une auberge et demandons une chope de bière. Le patron nous sert, mais au lieu de s'éloigner, il nous dévisage d'un air curieux. Rahir et moi échangeons en allemand quelques mots insignifiants.

L'homme, âgé d'une cinquantaine d'années, l'air assez niais, nous adresse, en hongrois quelques aboiements qui doivent être des questions. Puis il se décide à parler en allemand : D'où venons-nous? Quelle est notre profession? Où allons-nous?

Je réponds évasivement à cet interrogatoire.

Les événements prennent une mauvaise tournure, lorsqu'une intervention nous tire d'embarras.

La patronne, une brune magyare, beaucoup plus jeune que son mari, assise au comptoir, demande à l'homme pourquoi il importune la clientèle. Il répond à voix basse : « *Die beiden kerls haben ein böses Gewissen oder sind zwei entlaufene Russische Kriegsgefangene!* » (Les deux individus ont quelque chose sur la conscience ou bien sont deux prisonniers russes évadés!)

A peine a-t-il prononcé ces mots que la patronne, furieuse, lui crie de s'occuper de ses affaires et non de celles des clients. Elle s'exprime, ensuite, en hongrois, d'une manière très brutale. Le bonhomme tout penaud, prend une cruche et descend à la cave.

Nous payons les consommations. La femme qui s'est approchée de notre table sourit d'un petit air complice et nous souhaite bonne chance.

Diable! devons-nous notre salut à un mouvement de pitié féminine ou bien la gracieuse hôtelière a-t-elle gardé le souvenir ému de quelque prisonnier russe?

Nous errons dans les rues de Temesvar.

Dès qu'on a quitté un quartier de hauts bâtiments, c'est une ville orientale : des maisons basses, séparées par des jardins, des espaces cultivés, des cimetières, d'autres maisons basses.

Nous allons nous étendre sur l'herbe et discutons notre plan d'action. Nous sommes à cent cinquante kilomètres des Alpes de Transylvanie; il est possible de les atteindre à pied, en cinq ou six étapes. Mais notre expérience des difficultés, jadis rencontrées en franchissant les Alpes du Vorarlberg et du Tyrol, nous fait prévoir des obstacles nombreux et imprévus pour traverser la zone montagneuse. Comme nous sommes affaiblis par le manque de nourriture, il vaudrait mieux réserver nos forces en cherchant à nous rapprocher encore de la frontière par le train. Sur une carte de l'empire Austro-Hongrois, nous voyons que la voie ferrée, à partir de la ville de Karansebès, suit parallèlement la frontière roumaine, dans la direction du Sud, puis oblique brusquement vers l'Est pour pénétrer en Valachie par les Portes de fer, à Orsova.

Il vaut donc mieux reprendre le train jusqu'à Karansebès, qui est située à une cinquantaine de kilomètres de la frontière de Roumanie.

Nous revenons à la gare vers la fin de l'après-midi. Je passe au guichet et demande, rituellement, deux billets pour Karansebès.

Sur le quai, se presse une cohue de soldats hongrois, autrichiens, allemands, des paysans serbes, des Roumains vêtus de pantalons recouverts jusqu'aux genoux d'une chemise brodée. Presque tous ces gens montent dans un train qui part pour Bazias, à la frontière de Serbie.

Le train d'Orsova entre en gare avec un peu de retard. C'est un *Schnellzug* (un express).

Nous courons le long des compartiments vers les troisièmes, mais il n'y en a pas.

Nous consultant d'un coup d'œil rapide, nous attendons que le train s'ébranle, sautons sur le marchepied et entrons dans un wagon de seconde classe.

Nous sommes dans la gueule du loup! le wagon est rempli de sous-officiers et soldats allemands, autrichiens, magyars qui, revenant de permission, doivent rejoindre leurs unités sur le front oriental.

Dans le couloir, nous demeurons tout pantois, l'un contre l'autre. Le *Schaffner* s'approche, surpris de rencontrer deux civils, assez mal habillés, dans ce wagon de seconde classe, mais il prend nos tickets et dit simplement : « *Es ist ein Schnellzug. Der zuschlag beträgt elf kronen fünfzig pro person* » (C'est un express. Le supplément est de onze couronnes cinquante hellers par personne). Je tends deux billets de vingt couronnes. Il rend la monnaie et s'éloigne.

Nous passons la station de Lugos. Je me tiens à une portière du wagon. Rahir est à quelques pas de moi. Penché au dehors, je regarde la campagne qui s'évanouit peu à peu dans l'obscurité d'un soir pluvieux.

Soudain, un incident attire mon attention : deux soldats autrichiens se sont approchés de Rahir et, en plaisantant ils essaient de toucher le sac tyrolien qu'il porte sur le dos. D'une voix avinée, l'un d'eux crie : « *Sind noch zwiebacke! Sind noch zwiebacke!!!* » (Il y a encore des biscuits! Il y a encore des biscuits!!!)

Cette exclamation attire d'autres soldats. Je jette un regard désespéré vers les ténèbres extérieures où le train s'enfonce à toute vapeur. Sauter? c'est la mort. Une idée ingénieuse me traverse l'esprit : il faut tirer la sonnette d'alarme et, alors profiter du désarroi pour gagner le large. Je me glisse vers la portière d'un coupé où les lampes sont en veilleuse. Mais, juste à ce moment, à l'extrémité du couloir, éclate une rixe : c'est une ruée d'hommes, Autrichiens en képis, Allemands en casques à pointe, s'invectivant avec violence. Nous sommes complètement oubliés jusqu'à l'arrêt du train à Karansebès.

Immédiatement, nous sautons sur le quai et suivons une route où s'égaillent de petits groupes de soldats permissionnaires.

Il pleut. La nuit est noire comme de la poix. Nous passons un large portail et, brusquement, nous voici dans la cour, faiblement éclairée, d'une caserne. Singulière bévue ! Nous faisons demi-tour rapidement, frôlons presque la sentinelle et, par un petit sentier, nous nous perdons en pleine campagne.

A TRAVERS LES CARPATHES

Il s'agit, maintenant, de poursuivre le voyage à pied dans une région inconnue ; mais nous ne sommes pas des novices ; l'expérience des précédentes évasions doit nous servir.

Nous brûlons nos faux passeports, confectionnés au camp de Deutsch-Gabel. Heureusement, n'avons-nous jamais eu à les utiliser, car ils étaient bien grossièrement contrefaits !

Couché sur l'herbe, à l'abri de mon manteau, j'étudie la carte en m'éclairant avec une petite lampe électrique de poche. Nous nous proposons de traverser les *Vulkan Gebirge,* dans les Alpes de Transylvanie, partie méridionale des Carpathes, et de pénétrer en Valachie par la vallée supérieure du Motrou, affluent de gauche du Danube.

Nous rejoignons la grand'route, puis la voie ferrée Temesvar-Orsova, que nous longeons dans la direction du Sud.

A l'heure où l'aube commence à blanchir, nous approchons d'une ferme. Deux énormes chiens se précipitent en aboyant, et nous avons beaucoup de peine à les tenir en respect avec nos bâtons.

Nous obliquons vers l'Est, par un sentier, et traversons un village aux petites maisons basses. Sur le bord de la route deux grosses pompes, disposées au-dessus des puits, dressent leur balancier à contre-poids. A travers un buisson, nous observons des paysans qui commencent à se mettre au travail dans les champs. Ils sont curieusement vêtus ; sur leurs pantalons retombe une chemise blanche, serrée à la taille par une ceinture ; ils sont chaussés de grosses bottes.

Nous remontons le cours d'un ruisseau, écumant à travers les rochers, pour atteindre une longue rangée de collines couvertes d'arbres, et nous faisons halte à l'orée d'un petit bois.

Bientôt nous sommes tirés de notre somnolence : deux jeunes paysannes paraissent discuter en nous désignant de la main. Une troisième survient et le groupe s'approche. Nous ne comprenons pas leur langage, mais elles nous indiquent avec insistance la direction de la frontière valaque. Nous faisons « oui » de la tête. Elles ont, sans doute, grand'pitié de nous, car l'une d'elles cherche dans la pochette de son tablier et me tend un petit pain, gris et rond, pendant qu'une autre donne à Rahir la même aumône. Touchante spontanéité de la charité féminine ! Elles nous sacrifient certainement leur déjeuner. Nous remercions par signes et nous nous éloignons.

Dans le courant de l'après-midi, en passant au bas d'une colline, nous apercevons un petit pâtre d'une quinzaine d'années, habillé comme les paysans que nous avons vus le matin.

Il se trouve au milieu de son troupeau, à flanc de coteau ; se voyant brusquement cerné, il n'essaie pas de fuir, mais semble très effrayé. En souriant pour chercher à le tranquilliser, j'essaie d'engager la conversation en allemand, en italien, en russe, mais il ne comprend pas. Quelle langue peut-il bien parler ? Il paraît saisir quelques mots italiens. Est-ce un jeune Roumain de Transylvanie ? Comme je sais que le roumain est une langue latine, je compose un affreux jargon avec des bribes d'italien, de latin, de patois du Limousin, mon pays. Il ne comprend pas tout, mais il saisit le sens général. Nous lui faisons préciser que nous sommes dans la région de Varesaro, la Roumanie est située vers le Sud-Est ; il ne sait pas si l'on trouve des soldats qui gardent la frontière. J'ajoute que nous sommes des « Rousski » et, quand nous nous levons pour partir, ses yeux brillent de joie.

Il est plus prudent de passer pour des Russes, car la gendarmerie magyare ne se dérangerait pas pour eux, tandis que la présence de Français dans cette région paraîtrait très suspecte.

Au crépuscule, nous rencontrons un vieux pâtre, enveloppé dans une houppelande grise et coiffé d'un bonnet de fourrure. Il est accroupi près d'un feu, sur le bord d'un ruisseau, et, à l'aide d'une cuillère de bois, tourne dans une marmite la bouillie de maïs.

La conversation s'engage dans le même jargon que j'avais employé avec le jeune pâtre, je lui dis que nous sommes des « Rousski » et que nous allons vers la frontière. Dans sa réponse, il répète souvent : « *Grenitza!...* *Grenitza* ». Ce mot, comme nous devons l'apprendre plus tard, signifie frontière, mais à ce moment il nous paraît très mystérieux. D'ailleurs, le vieux emploie une gesticulation et une mimique expressives pour nous faire comprendre, probablement, que là-haut il fait très froid, qu'il y a beaucoup de neige, qu'on n'y trouve pas à manger.

Nous le quittons sans qu'il nous ait offert de partager la précieuse bouillie, égoïsme compréhensible : il y a peu de farine de maïs au fond de la marmite.

Dans le lit d'un torrent desséché, nous grimpons une pente abrupte à travers des vergnes, des aulnes, des merisiers, puis des charmes et des hêtres. Au sommet du versant, un vent frais souffle avec violence, mais nous redescendons dans un val, étroit, paisible, envahi par l'obscurité. Nous nous étendons sur un épais lit de feuilles et dormons jusqu'au matin.

A l'aube, nous sommes déjà en route et apercevons le pic du mont Tsarcoul (2.190 mètres) que nous devons chercher à atteindre par un sentier, qui passe près du sommet.

Nous longeons un ruisseau qui coule à pleins bords dans un vallon sauvage où des mélèzes s'accrochent aux

rochers. La bruine froide cesse de tomber et le bon
soleil paraît.

Dans une sorte de petit cirque, clos d'arbres verts,

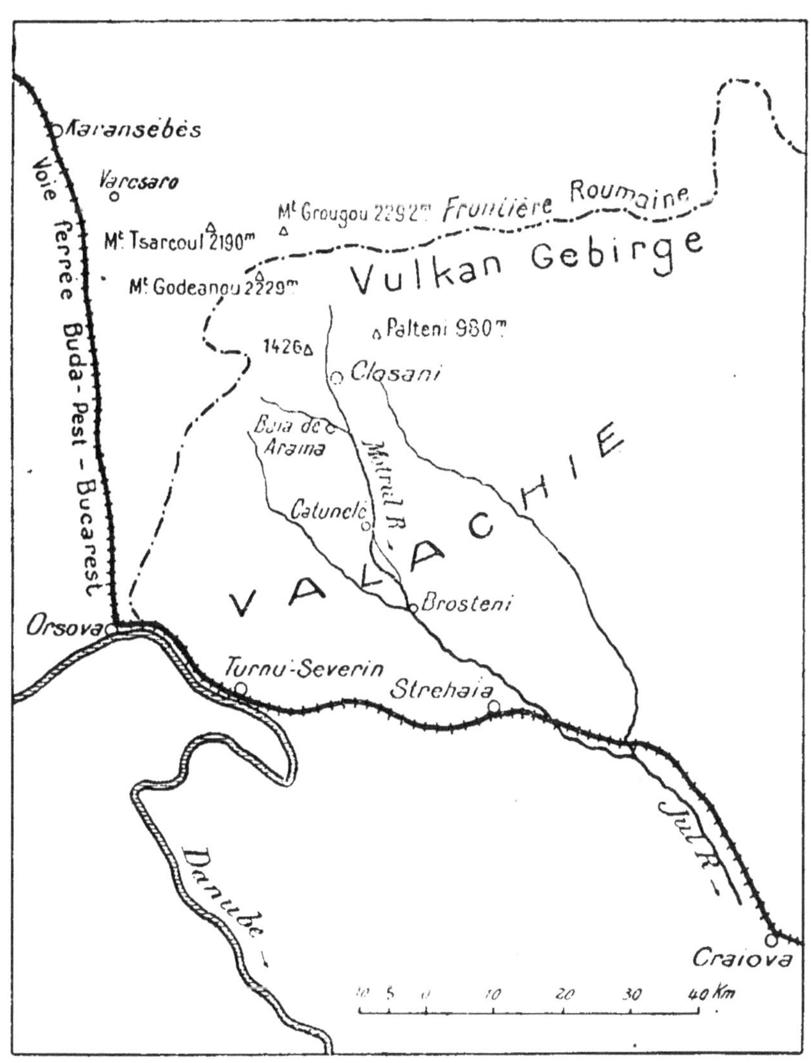

3e ÉVASION : DE KARANSEBÈS A STREHAIA

nous faisons halte et rassemblons de la mousse et des
branches. A Deutsch-Gabel, je me suis muni de deux
boîtes d'allumettes, soigneusement enveloppées, car, au

cours de ma première évasion à travers les Alpes du Vorarlberg, j'avais constaté le grand réconfort, en montagne, d'une bonne flambée.

Les brindilles s'enflamment et, bientôt, nous avons un énorme feu.

Nous nous dévêtons pour faire des ablutions accompagnées de frictions vigoureuses. Puis nous préparons un déjeuner, un peu sommaire, mais délicieux. Les petits carrés de biscuits militaires, mouillés et placés sur la braise, gonflent en une exquise pâtisserie dorée. En glissant trois grosses billettes de chocolat dans le bidon réglementaire autrichien, que mon compagnon avait eu la précaution d'emporter, nous obtenons dans nos « quarts » de fer blanc un chocolat qu'aucun restaurant de luxe n'a jamais servi dans des tasses de Sèvres à une clientèle de gourmets. Oh! la volupté de cette boisson qui coule onctueuse et fumante dans la gorge!

Nous repartons, pleins de confiance, et, durant plusieurs heures, nous traversons des chaînons boisés.

Au soleil couchant, nous avons atteint une vaste forêt dont les branchages forment de hautes nefs.

Dans le silence infini qui plane sur la solitude des bois, nous aménageons une couchette de feuillage, sous les racines à nu d'un arbre gigantesque.

Ce jeudi de l'Ascension, 9 mai, nous nous préparons à escalader le mont Tsarcoul.

Nous sommes assis sur l'herbe pour nous sécher de l'humidité matinale. Le soleil brille dans un ciel d'azur pâle ; devant nous s'étendent des alpages mamelonnés, et, au-dessus, sillonné de coulées de neige, se dresse le pic.

Assez loin de nous un objet en mouvement attire mon attention : c'est un cavalier qui disparaît derrière un pli de terrain.

Nous sommes absorbés par l'étude de notre carte lorsque, soudain, levant la tête, je pousse un cri d'effroi : à une quarantaine de mètres, en contre-bas, le cavalier se dirige vers nous, une carabine à la main.

D'un mouvement rapide, nous avons saisi nos sacs tyroliens et dévalons à toute vitesse vers des sapins, puis nous nous laissons glisser sur une pente abrupte dans le lit d'un torrent desséché et grimpons l'autre versant.

Vers midi, après avoir mangé deux biscuits et une billette de chocolat, nous reprenons l'ascension. Entre de gros rochers, un ruisseau recouvert d'une carapace de glace et de neige durcie nous sert de chemin. Malgré de nombreuses chutes, nous parvenons, à l'aide de nos bâtons pointus, à nous hisser vers le sommet.

Mais nous arrivons au bord d'un large cirque. L'air est si transparent qu'il nous semble possible de le traverser en une demi-heure.

Nous descendons au fond du cirque et, à de l'autre côté, remontons la pente recouverte de pierres plates assujetties par des genévriers. La montée nous paraît interminable.

A la fin de l'après-midi, nous atteignons le voisinage du col. En face de nous s'ouvre un précipice vertigineux et, au delà, s'étend un vaste paysage polaire.

Le passage est difficile. Nous nous consultons rapidement et assujettissons nos chapeaux à l'aide de ficelles, car un vent glacial souffle avec une violence inouïe, heureusement dans le sens de notre marche. L'un derrière l'autre, tantôt debout, tantôt à quatre pattes, dans la neige, nous progressons d'un effort instinctif.

Enfin, nous avons réussi à tourner le pic. Le vent ne pousse plus contre nous ses tourbillons glacés. Une immense étendue de neige s'étale, en pente douce.

Le soleil a disparu. Les ténèbres commencent à envahir la montagne. Il est dangereux de s'aventurer sur la neige perfide. En reprenant haleine, je songe à la possibilité d'une effroyable catastrophe : si l'un de nous tombait dans un trou profond, se brisait une jambe? La vision qui se présente alors à mon esprit est celle d'un grand panneau blanc sur lequel se déroule le film de l'expédition du capitaine Scott au pôle sud, quand le lieutenant Oates va mourir volontairement dans la neige pour ne pas retarder ses compagnons. Il me semble entendre la voix, marquée d'un fort accent anglais, du Monsieur en habit qui commentait : « Le lieutenant Oates était un véritable gentleman ! »

Mais nous avons l'audace de la jeunesse et, comme pour braver le destin, nous commençons à courir, l'un à côté de l'autre, à longues enjambées. Bientôt nous cherchons à rivaliser de vitesse, emportés par une sorte de griserie, sur cette pente où la neige glacée cède à peine sous les pieds.

La nuit est complète quand nous arrivons au débouché d'une vallée, cependant nous distinguons sur la blancheur du versant la masse sombre d'un bouquet de sapins rabougris.

Mon compagnon pense qu'il est plus prudent de se coucher sous les branchages en attendant l'aube; mais j'ai peur qu'au matin il n'y ait plus sous les branchages que deux corps raidis par le froid! Malgré notre grande fatigue, je lui demande de persévérer dans l'espoir de trouver quelque cabane, car les pâtres doivent séjourner, l'été, dans la montagne, suivant la coutume de toutes les régions de transhumance.

Nous continuons à avancer dans une étroite vallée, le long d'un torrent.

Ma prévision était juste : nous rencontrons une cabane abandonnée. Nous pénétrons à l'intérieur où nous trouvons un tas de bois sec. Une énorme flambée éclaire bientôt notre abri. A tour de rôle, nous allons chercher de la neige que nous faisons fondre dans notre bidon de fer blanc jusqu'à ce qu'il soit plein. Nous y glissons par morceaux trois billettes de chocolat et nous avons bientôt un bon quart de boisson fumante qui nous réconforte.

Nous enlevons nos bandes molletières et nos souliers mouillés pour nous étendre sur une couchette de foin sec.

Le gîte est sûr, mais, soit crainte obscure, soit excès
de fatigue, nous dormons mal et, fréquemment, nous
nous levons pour mettre une bûche dans le feu que nous
entretenons ainsi jusqu'au matin.

Il est grand jour quand nous sortons de notre abri
pour inspecter les environs. La neige tombe en flocons
légers, il fait humide et froid. Plus près du torrent, avec
un parc à moutons, entouré d'une muraille de pierres
sèches, se trouvent deux autres cabanes; mais elles sont
vides et sans provisions. Nous revenons à notre berge-
rie que nous quittons seulement au début de l'après-midi.
A l'aide de notre carte, très insuffisante pour cette
région montagneuse, nous avons essayé de fixer notre
itinéraire de façon à rejoindre un sentier qui passe entre
deux sommets, le pic Grugou (2.292 m.) et le pic Godea-
nou (2.229 m.).

Nous arrivons au bord d'un torrent assez large, probablement un affluent du Riu cel Mare. Mais nous
éprouvons de grandes difficultés à remonter, le long du
cours, par le fond de la vallée encombrée d'arbres abattus, soit qu'il s'agisse d'une ancienne exploitation interrompue, soit qu'au début de la guerre roumaine, les
Magyars aient cherché à obstruer les passages qui conduisent de Valachie en Transylvanie.

Nous nous décidons à franchir le torrent sur un tronc
d'arbre pour sortir de cette maudite vallée en escaladant la rive abrupte.

D'abord, nous pouvons grimper assez facilement,
grâce à des arbustes, mais bientôt la paroi se dresse
presque à pic. Comme il est encore plus difficile de redescendre que de monter, nous sommes obligés de continuer
l'ascension qui devient très périlleuse. Pour comble de
malheur une pluie fine, aveuglante, commence à tomber.
En enfonçant nos bâtons dans les anfractuosités nous
nous hissons avec peine. Les morceaux de roches glissent

sous nos pieds et, à chaque instant, nous risquons d'être précipités dans le torrent dont nous entendons au-dessous de nous le fracas tourbillonnant.

Enfin, nous arrivons à une pente plus douce par où nous atteignons des alpages. La pluie, maintenant, tombe drue et nous craignons que le reste de nos biscuits et de notre chocolat ne soit transformé en une bouillie gluante. Ce serait alors l'apparition effroyable de la faim dans cette région déserte! Nous plaçons, au-dessus des précieuses provisions dans le sac tyrolien, nos mouchoirs, nos chaussettes de rechange, notre veste. En bras de chemise, trempés jusqu'aux os, nous glissons fréquemment sur l'herbe mouillée et, retenant avec peine des gémissements, nous continuons à avancer.

Il faut trouver un lieu habité, sinon les *Vulkan Gebirge* seront notre tombeau!

Sur un replat, nous atteignons un sentier suivi par les troupeaux. Les pas deviennent plus assurés et nous nous hâtons pour avoir moins froid et surtout pour trouver un gîte.

Ce chemin de pâture nous conduit à un clos entouré par une basse muraille de pierres sans mortier, à côté se dresse une baraque en bois.

Comme il n'y a pas de branchages à l'intérieur, nous arrachons une partie du toit et nous pouvons enfin nous sécher, tout fumants, près d'un bon feu.

Au matin, je me charge d'aller chercher l'eau pour préparer le chocolat. Tout proche, je trouve un ruisselet. Mais lorsque je suis revenu à la cabane, je m'aperçois que mes doigts ont souffert d'une assez sérieuse gelure : des frictions énergiques rétablissent la circulation.

En continuant notre marche vers le Sud-Est, nous sommes arrêtés par un torrent. Pour ne pas perdre de temps à le longer, nous nous déshabillons et le traversons avec de l'eau jusqu'à la ceinture : c'est un véritable bain de glace.

Nous traversons des plaques de neige qui s'étalent sur une croupe. Une borne de ciment (vestige humain!) qui a dû servir à des tracés géodésiques éveille l'idée que nous ne sommes plus éloignés de la frontière.

Nous venons d'atteindre un immense plateau couvert de neige à perte de vue. A ce moment, le vent du Nord-Ouest qui souffle violemment enlève mon chapeau et l'entraîne à une vitesse vertigineuse vers la Roumanie. Durant plusieurs centaines de mètres, nous courons à sa poursuite en poussant des cris comme de jeunes fous.

Du rebord du plateau, nous apercevons alors à l'horizon des collines rondes, couvertes de prairies et de bois : c'est la terre promise qui nous apparaît sous la féérique dorure fauve du soleil couchant!

Nous nous engageons dans une vallée, profonde et boisée. Les branches mortes en se décomposant ont formé un humus épais où nous enfonçons jusqu'à mi-jambes.

Plus loin, nous trouvons deux cabanes de bergers, elles sont vides. Après avoir hésité à nous arrêter pour y passer la nuit, nous décidons de continuer notre marche aussi longtemps que la lumière du jour nous le permettra, si bien que nous sommes obligés de faire halte en plein bois. La pluie tombe à travers le feuillage et, serrés l'un contre l'autre, sans pouvoir dormir, nous attendons le jour.

Mais quoique le matin soit venu, l'aube ne paraît pas, car un brouillard épais couvre toute la vallée.

A travers les arbres, nous remontons vers le sommet du versant et le brouillard devient ténu à mesure que nous nous élevons.

Nous arrivons ainsi à un sentier qui se dirige vers le Sud-Est. Après un moment de marche, nous faisons halte au pied d'un gros arbre isolé. Sur le tronc sont inscrits des noms de Russes et de Roumains, probablement des prisonniers échappés de Hongrie qui nous ont précédés. Nous inscrivons aussi nos noms avec, en plus grosses lettres, un magnifique : « Vive la France! ».

Le sentier descend assez brusquement. Malgré la pluie qui tombe drue, nous avançons d'un pas rapide. Nous traversons une épaisse forêt de hêtres et arrivons sur le bord d'un gros ruisseau.

Mon compagnon me désigne du doigt un poteau, fiché en terre et portant une inscription rédigée en magyar, allemand, roumain : c'est l'interdiction sous peine de mort de s'aventurer dans la zone que nous venons de franchir.

LES AMITIES ROUMAINES
EN VALACHIE OCCUPÉE

Soudain, nous entendons des voix juvéniles tout près de nous.

Deux gosses, de douze à quinze ans, apparaissent et s'arrêtent pour nous regarder avec curiosité. Ils sont vêtus d'une sorte de grosse toile d'emballage; le plus jeune a la tête nue, l'aîné est coiffé d'un bonnet de fourrure.

Nous nous présentons en disant : « Rousski! Rousski ». Ils font un signe de dégoût et se détournent pour s'éloigner. Alors nous crions : « Fransoussski! Franzosen! Français ». Les deux gosses s'arrêtent stupéfaits. Ils répètent : « Francez! Francez! » et s'approchent de nous.

Nous ne comprenons pas ce qu'ils disent, mais ils nous font signe de les suivre et nous conduisent à une humble cabane couverte de chaume. Une femme est debout sur le seuil; elle répète aussi plusieurs fois : « Francez! Francez! » et nous fait entrer.

La salle est obscure, le feu flambe à l'intérieur d'un gros poële de briques, à moitié engagé dans la cloison. Nous pénétrons, ensuite, dans une seconde pièce, plus claire. Le poële de briques se prolonge de ce côté, contre sa paroi chaude est appuyé une sorte de grabat recouvert de peaux de moutons, sur lequel un vieillard de plus de soixante ans est assis. Il dit d'une voix émue : « Francez! Francez ».

Nous nous sommes installés sur des escabeaux, lorsque le vieillard, brusquement, est pris d'une atroce crise d'asthme. La femme, qui doit être sa fille, apporte une grande marmite d'eau bouillante où elle jette des herbes. À travers l'épaisse vapeur, on entend les gémissements du vieux et les lamentations de la femme. Enfin la crise passe. Le malade, couvert d'une longue chemise blanche, s'est levé pour mieux s'exposer à la vapeur, puis se recouche, calmé.

Dans la chambre entre un homme vêtu, sous une veste de cuir sans manches, d'une chemise brodée retombant sur les pantalons et serrée à la taille par une large ceinture. Il murmure quelques mots au vieillard qui commence à somnoler, puis s'approche de nous.

« Francez ! Francez ! » dit-il avec un bon sourire.

Il parle rapidement, mais nous comprenons qu'il nous avertit de la présence de *Niemtz* (Allemands) dans le voisinage.

Pendant notre dialogue, où les gestes ont la plus grande part, de nos sacs entr'ouverts à nos pieds s'échappent des escargots et des limaces. Nous les avions ramassés, le matin, pour les faire griller et améliorer ainsi notre repas de biscuits. Nous indiquons par des signes que nous avons pris ces bêtes pour les manger. L'homme et la femme font une mine assez dégoûtée. La femme se lève et, quelques instants après nous apporte dans une écuelle en bois une bonne portion de bouillie de maïs que nous engloutissons toute fumante.

Nous demeurons, à demi-somnolents, seuls avec le vieillard. De temps en temps, je m'éveille et il me semble apercevoir, comme en proie à quelque étrange cauchemar, un grand fantôme blanc qui agite en l'air des bras décharnés.

Cependant l'hôtesse nous invite à nous installer dans la première chambre où nous dormons, toute la nuit, près de la bouche du poêle, étendus sur nos manteaux.

À l'aube, nous sommes réveillés par l'homme à la veste de cuir qui vient d'arriver. La femme nous donne une bonne platée de bouillie de maïs, qu'elle appelle *mamaliga*. Puis, nos hôtes cherchent à nous faire comprendre qu'il faut partir rapidement. Dans leurs abondantes explications, nous saisissons le sens des mots : « *Niamtz Patroul* » (une patrouille allemande) et nous brusquons notre départ, après de rapides remerciements par gestes.

Dehors, il fait jour. Nous prenons la direction du bourg de Closani, disparaissant dans les taillis au moindre bruit suspect.

Sur une espèce de draille, à notre rencontre, vient un troupeau de moutons. Ils sont poussés par deux gamins et une jeune montagnarde.

Nous nous avançons au-devant de la gracieuse pastoure. Le plus galamment possible, nous nous présentons, chapeau bas. « Francez! Francez! » reprend la jeune fille en ouvrant de grands yeux et toute souriante. C'est une magnifique brune de dix-huit ans : elle porte un corsage brodé de fleurs de laines coloriées, une jupe qui, relevée par un coin, découvre très haut une cuisse ronde et ferme.

Elle semble, avec sa quenouille de laine et son fuseau, la merveilleuse apparition d'une fée des montagnes. Elle parle dans une langue harmonieuse, chantante, que nous ne comprenons pas et, avant de s'éloigner, elle nous offre trois œufs durs.

Nous rejoignons la vallée du Motrou.

L'après-midi est déjà très avancée, lorsque, nous engageant sur une route, nous apercevons les premières maisons, couvertes de chaume, de Closani.

Brusquement des pas martelés retentissent derrière nous. A peine avons-nous eu le temps de nous dissimuler dans un buisson, qu'apparaissent deux Boches, vêtus en *Feldgrau*, coiffés du casque pointu, le fusil sur l'épaule.

Ils nous dépassent et nous les regardons avec angoisse continuer leur ronde à l'intérieur du village. Depuis notre évasion d'Allemagne, nous n'avions plus vu en service ces hommes mécaniques, beaucoup plus redoutables que les nonchalantes sentinelles autrichiennes !

Quelques minutes après, un paysan d'une trentaine d'années, habillé à la mode roumaine sort de la plus proche chaumière. Nous l'abordons en disant : « Francez ». D'un mouvement rapide, le Roumain ouvre le portail et nous pousse dans la maison.

Il dit à une bonne femme de nous préparer à manger et bavarde avec nous dans un jargon compliqué. Il nous montre sa main droite où il manque deux doigts, perdus à la guerre contre les *Niemtz* (Allemands).

Nous éprouvons deux plaisirs, deux voluptés, bien minces, mais qui nous paraissent immenses : dans la mamaliga, il y a un morceau de lard chaud, et, après le repas, nous fumons une cigarette !

Notre hôte ne veut pas nous laisser partir seuls, car beaucoup de *Niemtz,* paraît-il, sont établis dans la région. Il prend un solide bâton et se propose comme guide : c'est un montagnard bien découplé, les pieds chaussés de souples sandales de cuir sans couture.

Il nous conduit dans la vallée avec des précautions de chasseur ; il nous montre, à quelque distance, une maison qui commande le passage et dit : « *Casa Niamtz* » (la maison des Allemands).

A un endroit peu profond, nous traversons le Motrou, mais comme la rive est escarpée nous continuons à suivre notre guide qui, sans sortir de l'eau, descend le lit de la rivière pendant plusieurs centaines de mètres.

Ensuite nous remontons une colline et nous nous engageons dans des bois de hêtres. La marche pour nous ne tarde pas à être exténuante.

Nous arrivons à une route où sur un écriteau, nous lisons, en langue allemande : « Direction de Maresesci ». En bordure d'un pré, un adolescent qui tient par la bride un cheval est en conversation avec une jeune paysanne. Notre guide s'approche du couple, parlemente, puis s'efforce de nous expliquer que nous devons suivre la jeune fille où elle nous conduira. Nous le remercions par de vigoureuses poignées de mains et il s'éloigne avec l'adolescent.

La gracieuse Roumaine se place entre Rahir et moi. Elle est brune, porte un jupon court et une chemise brodée. Tout en marchant, elle nous parle et rit d'un rire clair et juvénile à nos réponses qu'elle ne peut comprendre.

Quelques instants auparavant, nous étions exténués, mais, comme par enchantement, toute fatigue a disparu et nous nous redressons, tout mouillés et boueux, pour faire bonne contenance.

A la nuit tombante, nous pénétrons dans la cour d'une vaste ferme. La jeune fille nous fait signe d'attendre, monte un escalier qui conduit à une sorte de vestibule extérieur soutenu par des colonnettes de bois, ouvre une porte et disparaît.

Le temps passe et personne ne vient. Assis sur un banc rustique, très inquiets, nous sommes décidés à prendre la fuite, lorsque la porte du vestibule s'ouvre à nouveau : du seuil, un homme d'une cinquantaine d'années, chaussé de bottes, vêtu d'une superbe chemise brodée, de longs cheveux flottant sur les épaules nous hèle amicalement.

Nous grimpons les marches, et le maître de céans, très cérémonieusement, nous souhaite la bienvenue en roumain et, s'effaçant, nous invite à prendre place. Un bon feu flambe dans la gueule d'un fourneau de brique. La table est mise : le maître s'assied en face d'une paysanne âgée, sa femme, nous prenons place à leurs côtés, et la jeune fille demeure debout pour nous servir.

Le repas est abondant : du pain, du laitage, du poulet en sauce. Notre verre ne demeure jamais vide, mais nous le levons avec prudence, car la boisson, que nous avions d'abord prise pour de l'eau pure, est une eau-de-vie de prune forte en alcool.

Le maître connaît seulement quelques mots de français. Il nous dit que son frère a fait des études à Lyon pour être ingénieur et qu'il est officier dans l'armée roumaine en Moldavie. Il cherche à nous faire comprendre les difficultés de la traversée de la Valachie occupée, mais nous saisissons seulement que dans chaque village sont installés des Allemands qui réquisitionnent tous les vivres des paysans.

Rahir montre à nos hôtes sa photographie en maréchal des logis français. Le maître fait, alors, aux deux femmes une petite conférence où nous entendons souvent revenir les mots de « Francez » et de « Verdun ».

Après avoir bavardé avec nous dans un jargon italo-franco-latino-roumain, le maître se lève, prend une lanterne, nous conduit, de l'autre côté de la cour, dans un bâtiment où il a fait préparer un lit avec des couvertures et nous quitte en nous souhaitant bonne nuit.

Avant de souffler la bougie, j'aperçois, fraîchement clouée au mur, à la tête du lit, une de ces cartes de propagande française, très coloriée, une carte d'Alsace-Lorraine !

Comment ne pas éprouver un émoi profond lorsque, dans un coin perdu de Valachie, on trouve un accueil si amical, un empressement si généreux, une admiration si spontanée parce que l'on porte avec soi le grand renom d'un pays aimé !

Au matin, de très bonne heure, nous sommes réveillés par notre hôte. Nous nous équipons hâtivement pour le départ. La jeune fille place dans nos sacs tyroliens des œufs durs, du pain de maïs et verse dans notre bidon autrichien de l'eau-de-vie.

Sur ma carte, j'indique au maître que nous avons l'intention de descendre la vallée du Motrou. Il approuve d'un signe de tête et nous sortons tous les trois.

A travers les bosquets de chênes, il nous conduit jusqu'au versant de la vallée. Devant nous, s'étend un paysage de coteaux, terres rouges interrompues par les rectangles verts des cultures et des vergers.

Le grand paysan nous souhaite bonne chance et, en

nous retournant, nous apercevons sa haute stature découpée sur le ciel; il s'appuie sur son bâton et agite la main gauche pour nous saluer une dernière fois.

Durant toute la matinée, nous marchons sous la pluie. Nous sommes obligés de quitter le bord de la rivière, trop marécageux, pour continuer à marcher à flanc de coteau. Sur la pente argileuse nous avançons péniblement. A un endroit boueux, Rahir perd un talon de soulier. Petit incident, mais gros de conséquences, car mon compagnon marche, maintenant, en boitant, avec de grandes difficultés.

Vers le milieu du jour, nous atteignons la petite ville de Baia de Arama, que nous cherchons à contourner. Mais, sur un sentier, deux dames vêtues à la française, qui viennent à notre rencontre, brusquement nous aperçoivent et, rebroussant chemin, commencent à fuir. A tout hasard, je leur crie : « N'ayez pas peur, Mesdames, nous sommes des Français ». Immédiatement, elles s'arrêtent et l'une d'elles répond en excellent français, avec un peu d'accent : « Comment? des Français dans cette région? »

Nous les abordons et brièvement expliquons que nous sommes deux Français, évadés d'Autriche. La dame qui nous a déjà répondu nous dit : « Il y a un gros poste allemand, à Baia de Arama. Vous devez être très prudents pour ne pas vous faire prendre. Nous habitons un petit chalet qui n'est pas loin d'ici. Suivez-nous à quelque distance. Vous nous verrez ouvrir la porte d'une grille. Nous ne la refermerons pas. Vous pourrez entrer dans le jardin, puis dans la maison où vous nous retrouverez. »

Quelques instants après, nous sommes installés, sur de bons fauteuils, dans un petit salon, racontant les grandes lignes de notre odyssée.

Les deux dames ont de vingt à vingt-cinq ans. Celle

qui parle couramment le français est mariée : son mari est en Moldavie, dans l'armée roumaine. Toutes les deux habitaient une petite ville sur le Danube, mais, depuis le début de la guerre, elles résident dans une propriété où l'invasion les a surprises.

Elles nous demandent pour quelle raison nous nous sommes dirigés sur la Valachie où les Allemands pullulent. Nous confessons notre erreur : d'après les journaux autrichiens, nous avions supposé que les troupes des Etats centraux, depuis les défaites roumaines, avaient été réparties sur le front de Moldavie et sur le front balkanique.

Nous voici pour la première fois, assez exactement renseignés : un armistice a été signé entre l'Allemagne et la Roumanie ; des troupes d'occupation allemandes, autrichiennes, magyares, turques, bulgares sont installées dans la Valachie tout entière ; les réquisitions sont rigoureuses : on enlève aux paysans les troupeaux, la volaille, la farine, même les tapis et les meubles ; il est presque impossible de circuler si l'on ne possède pas une sorte de passeport, le *Personal Ausweis,* signé par les Autorités.

Malgré l'inquiétude que provoquent de pareils renseignements, nous faisons bonne contenance.

Les dames nous offrent une collation : des œufs, des gâteaux, du vin. L'une d'elles se met au piano, chante doucement des chansons roumaines et françaises.

Elles sont si charmantes nos protectrices roumaines ! Pourquoi ne pas retarder le moment du départ vers le risque et vers la misère ?

Mais non ! debout ! Trêve à la musique, au délassement ! Les Allemands rôdent dans le voisinage et notre présence est tellement compromettante ! Nous nous levons et nous prenons congé, acceptant seulement de chacune des dames un mouchoir parfumé.

A la boussole, nous continuons notre route, nous dirigeant vers le Sud, assez anxieux de l'avenir, puisque nous sommes en plein réseau d'occupation et à plus de six cents kilomètres de la Moldavie où nous pourrions nous réfugier !

A la tombée de la nuit, nous arrivons à l'entrée d'un petit village. Comme nous avons fait préciser sur la carte par les deux dames roumaines l'emplacement des *Kommandos* d'occupation, nous savons qu'il n'y a pas, là, de poste allemand, mais nous pourrions nous heurter à une patrouille.

Nous nous cachons derrière un buisson et, bientôt, nous apercevons un jeune gamin qui approche sur le sentier. Nous lui demandons s'il y a des *Niemtz* dans le village. Quand il nous a répondu qu'il n'y en a pas, nous ajoutons que nous sommes deux « Francez ».

Il nous conduit jusqu'à la place du petit bourg où nous ne tardons pas à être entourés par toute la population, sortie en hâte des chaumières.

Tous ces gens, surtout des vieillards et des femmes, nous entourent d'un murmure sympathique. Nous représentons, sans doute, pour eux, la grande nation amie et lointaine, dont ils espèrent obscurément la victoire pour mettre fin au pillage et aux vexations dont ils souffrent.

Mais ils ont peur, en nous hébergeant, la nuit, d'être surpris par une patrouille boche. Après de longs conciliabules, ils ont trouvé une solution. Un vieillard nous fait comprendre que nous devons suivre deux jeunes paysannes qui se trouvent dans le groupe, puis il paraît commander aux autres personnes de se disperser.

Nous arrivons à une petite chaumière d'humble apparence, isolée du village. Nos deux hôtesses préparent le repas pour nous quatre : une omelette et de la mamaliga.

Elles ont un charme juvénile et cette allure fière, gracieuse qui donne à la paysanne roumaine, dans son pittoresque costume, un cachet si original de noblesse.

Nous bavardons en un jargon où nous nous embrouillons avec tant de bonne volonté qu'elles paraissent beaucoup s'amuser. Nous comprenons pourquoi le doyen du village a désigné leur chaumière pour nous servir d'abri : si les Boches surviennent la nuit, en patrouille, ils trouveront deux paysannes et leurs deux maris.

Le lendemain, à l'aube, nous nous remettons en route.

Nous avons rejoint par des sentiers la vallée du Motrou. En descendant vers l'aval, nous arrivons à un vaste espace marécageux où la rivière se divise en plusieurs bras. Un brouillard épais flotte sur les flaques d'eau croupissantes : sans notre boussole, nous serions obligés de nous arrêter ou bien nous courrions le risque de tourner en rond sur de petits sentiers, qui s'entrecroisent à travers des touffes inextricables de joncs et de roseaux.

Nous rencontrons un vieillard dans ce paysage désolé, un pêcheur misérablement vêtu de toile d'emballage rapiécée. Il est stupéfait d'apprendre que nous sommes des Français, il nous salue très bas et voudrait nous baiser la main. Il nous sert de guide pour sortir de ce dédale et, lorsque nous le quittons, il me dit très respectueusement : « *Domnule Capitan Francez!* » (Monsieur le capitaine Français!)

Avant d'arriver au village de Catunelé, nous nous dissimulons derrière un buisson pour épier les allées et venues. Aucun Kommando allemand ne s'y trouve, d'après nos renseignements; mais nous avons l'intention d'attendre le passage d'un enfant pour en avoir la certitude.

Nous avons déjà remarqué notre extraordinaire prestige sur l'esprit des enfants, qui répondent avec franchise et se montrent entièrement dévoués.

Dans ces campagnes valaques, les envahisseurs ont accumulé contre eux des haines farouches. Le vainqueur arrive dans le petit village, enlève les vaches, le cheval, la farine. Qui donc oserait résister? A la moindre velléité de refus, ce sont les coups de bâton et les coups de botte. Misérable population de vaincus! Un seul espoir demeure dans cette nuit de ruine et de désolation!

Là-bas, très loin, un peuple ami, le peuple de France résiste à tous les assauts, il prendra sa revanche, il saura délivrer tous ses alliés et, parmi eux, la Roumanie malheureuse.

Ce sont ces rêves qui hantent l'imagination des jeunes Roumains quand ils entendent les lamentations de leurs parents.

Et voilà que deux Français, mystérieux, descendus des montagnes, apparaissent soudain. Deux Français! d'autres viendront bientôt, avec des canons, des fusils, et ce sera l'heure bénie de la délivrance!

Plusieurs paysans passent devant nous, mais nous ne bougeons pas. Enfin voici, tout seul, un bambin de douze à treize ans, pieds nus. Nous le rejoignons et, en souriant, nous lui faisons comprendre que nous sommes des Français. Il accepte avec simplicité le miracle, mais sa figure s'éclaire d'une joie immense. A nos questions, il répond qu'il n'y a pas d'Allemands en ce moment, à Catunelé. Nous essayons de lui dire qu'il doit nous conduire chez des amis des Français. A-t-il compris? Toujours est-il qu'il se met en marche devant nous, bombant le torse, tout fier de sa mission. Evidemment il serait capable de nous conduire à un Kommando allemand pour crier : « Voilà les Français » et assister à la fuite éperdue des pillards!

Nous nous arrêtons devant une maison moderne, construite en pierres. Notre guide a disparu dans le couloir et ne tarde pas à revenir avec un grand garçon brun, habillé à la mode occidentale. Nous parlons en français, mais nous ne sommes pas bien compris. La conversation se poursuit en allemand. Nous nous sommes présentés et notre interlocuteur nous apprend qu'il est le maître d'école du village.

Nous montons dans une salle du premier étage où nous rejoint le frère du maître d'école, qui parle assez bien le français. Nous nous installons, tous les quatre, à une table et un jeune domestique roumain nous sert un repas de laitage avec de la mamaliga.

La conversation, en français et en allemand, devient très animée. Nous avons la confirmation que les combats au front ont cessé, mais la paix n'est pas encore définitivement signée.

Nos hôtes nous disent qu'une mission française, sous le commandement du général Berthelot a pris part aux opérations de guerre : tous les officiers français sont très populaires parmi les soldats roumains. Les divisions ennemies vivent sur la Valachie occupée ; le général Von Mackensen, commandant en chef, réside à Bucarest avec son état-major.

Nos hôtes admirent beaucoup notre évasion ; mais la suite de cette aventure les inquiète, puisqu'il nous reste à franchir des centaines de kilomètres à travers les postes et les patrouilles d'occupation.

Que faire? J'ai eu déjà une idée qui a été acceptée par mon compagnon. Il est certain que les autorités d'occupation ne tarderont pas à apprendre la présence de Français dans le district de Mehedintsi ; suivant les méthodes allemandes la nouvelle sera transmise jusqu'à l'état-major de Bucarest. L'ordre viendra de s'emparer de nous, coûte que coûte. Il est donc de première importance de nous éloigner, le plus rapidement possible, du district. Le mieux serait de gagner Bucarest par le train. Les Allemands ne supposeront pas que nous avons eu l'audace d'aller nous abriter dans le voisinage de leur Etat-Major et nous avons chance de trouver dans une grande ville des complicités : ainsi pourrons-nous découvrir un moyen de gagner la Moldavie.

Cette idée audacieuse paraît raisonnable ; mais les deux frères nous font observer qu'il serait indispensable de posséder les papiers d'identité que les autorités allemandes exigent de toute personne en déplacement.

C'est alors que le maître d'école, Constantin Prundeano prend une décision énergique, qui est un admirable témoignage de sympathie pour la France : « Vous êtes des Français en danger de mort, nous sommes vos alliés nous devons vous venir en aide, même en nous mettant en péril. Comme maître d'école, j'assure dans le village les fonctions de *Burgermeister* et j'ai à ma disposition les sceaux des autorités. Je vais donc vous fabriquer de faux « *Ausweise* » (papiers d'identité).

Il va prendre dans un tiroir de bureau, fermé à clef, les papiers et les cachets nécessaires.

C'est ainsi que je deviens Popescou et mon compagnon Vasilescou.

Mon Personal-Ausweis N° 201, indique mon nom : Popescou; état-civil : marié; ma nationalité : roumaine; mon lieu de naissance : Glogova; ma profession : tailleur; mon domicile : Glogova (province de Mehedintsi). Une deuxième feuille grise porte mon signalement, très vague.

Par précaution, dans le cas où ces papiers saisis sur nous feraient l'objet d'une expertise en écriture, le maître d'école a appelé le jeune domestique et, lui tenant la main, il lui a fait copier toutes les indications manuscrites.

Ce domestique est un paysan, de seize à dix-huit ans, l'air assez stupide. Il a copié docilement jusqu'au moment où doivent être apposées les signatures : *Unterschrift des ausstellenden Beamten* (signature du fonctionnaire délivrant le billet d'identité) et *Unterschrift des Inhabers des Ausweises* (signature du propriétaire du billet d'identité). Alors, soit qu'il ait fini par comprendre qu'on lui faisait accomplir un acte dangereux, soit qu'il ait entendu dire que les signatures ne devaient jamais être contrefaites, il lâche le porte-plume et refuse de continuer.

Les deux frères l'injurient et le malmènent, mais il réussit à leur échapper et se tapit dans un coin de la cheminée comme un chien battu.

Il y a pourtant une solution bien simple qui me traverse l'esprit à ce moment : sur nous cinq, il y en a deux dont les délits sont assez sérieux, au point de vue des autorités allemandes, pour qu'il n'y ait pas d'importance à les aggraver, c'est mon compagnon et moi. Nous prenons le porte-plume et apposons les signatures.

Ensuite Constantin Prundeano estampille, de telle manière qu'il est impossible de deviner le nom de la mairie dans les caractères confus de l'inscription.

Maintenant, les deux frères nous fournissent les renseignements dont nous avons besoin : nous devons nous rendre à la station de Strehaia, sur la grande ligne Orsova-Bucarest, où passe un train chaque jour, à dix heures du soir. Il y a des marks spéciaux, fabriqués par les autorités pour la Roumanie occupée ; aussi nous fait-on le change de la faible somme qui nous reste en billets autrichiens. Nous avons suffisamment pour payer notre voyage jusqu'à Bucarest. Le maître d'école ajoute qu'il a connu une jeune fille, Marioara, lycéenne en pension dans une famille à Bucarest, 15, Strada Francmasoni ; nous pourrons tenter de nous adresser à elle.

Nous remercions chaleureusement ces Roumains dévoués et sans plus perdre de temps, nous quittons Catunelé.

Comme la station de Strehaia est située, au Sud, à une quarantaine de kilomètres, nous ne pouvons songer à l'atteindre, cet après-midi. D'ailleurs, en marchant directement vers le Sud, nous serions obligés de passer dans le voisinage du village de Brosteni, où se trouve un important Kommando allemand.

Nous nous dirigeons d'abord vers l'Ouest, puis nous obliquons vers le Sud.

Au crépuscule, nous avons parcouru une vingtaine de kilomètres et nous arrivons au hameau de Samarinesti.

Un paysan, qui répare la toiture de sa cabane, nous aperçoit et crie, sans aucune aménité : « Rousski ! » Il est probable que beaucoup de prisonniers russes après la signature de la paix entre la Russie et les Etats centraux se sont échappés de Hongrie pour chercher à regagner à pied leur pays. C'est pourquoi, à notre mine hâve et à notre allure, des paysans nous prennent pour des Russes. Mais Rahir répond : « Non, Francez ! Francez ». Le paysan lâche ses outils et nous salue de joyeuses acclamations. Bientôt, nous sommes entourés de villageois. Deux hommes, un vieux et un jeune nous témoignent surtout beaucoup de sympathie et nous entraînent vers leur maison.

Bientôt, nous sommes installés à table tous les quatre, et les femmes nous servent des laitages, de la viande, de la mamaliga. Nous mangeons de bon appétit, en buvant du vin rouge et, vers la fin du repas, de l'eau-de-vie de prune.

Le plus jeune de nos hôtes, d'après ce que je crois saisir, a été soldat dans l'armée roumaine, il a été blessé et fait prisonnier. Il y a eu échange de prisonniers blessés et, depuis peu de temps, il est de retour chez son père.

Ce que nous saisissons très bien, ce sont les exclamations admiratives en l'honneur du général Berthelot, de la mission française, des officiers français, amis des soldats roumains.

Après avoir veillé fort tard, nous nous couchons sur un lit de planches recouvertes de tapis de lainage, ornés de dessins multicolores.

Nos hôtes sont déjà levés lorsque nous nous réveillons. Comme le vieux paysan est en train de raser son fils, nous lui demandons de nous rendre le même service. Rasés de frais, nous aurons meilleure mine pour voyager!

Nous n'avons d'ailleurs pas à nous hâter car il ne nous reste pas à franchir plus de vingt-cinq kilomètres pour arriver à Strehaia.

Les deux hommes s'amusent à mimer une scène burlesque, à la joie, mêlée d'un peu d'inquiétude, des femmes. Ils ont placé sur l'épaule en guise de fusil, un gros bâton, puis ils frappent le plancher comme avec une crosse, en poussant des cris gutturaux, ils renversent les escabeaux à coups de pieds, ils fouillent sous les tapis et dans tous les recoins de la chaumière : il s'agit d'une réquisition de vivres par les Allemands ! Quand ils ont assez fait de simagrées, ils changent de rôles. On peut imaginer que les intrus sont partis. Les paysans vérifient la fermeture de la porte, et levant une planche du parquet, ils découvrent un large trou creusé dans le sol, on y aperçoit des bouteilles de vin, du lard, un sac de farine, des œufs.

Quelques-unes de ces provisions servent à préparer un succulent repas, bien arrosé, que nous partageons avec nos sympathiques et joyeux compères.

Nous nous équipons le plus correctement possible et, après de chaleureux remerciements, nous nous mettons en route pour Strehaia.

Trois kilomètres, avant Strehaia, nous faisons halte près d'un ruisseau. Tant bien que mal, nous essayons de nous donner l'air de civils respectables : nos sacs tyroliens sont pliés et enveloppés dans des journaux comme des paquets corrects, nos vêtements, qui montrent la corde, bien brossés. Nous désirons que les Allemands, nous prennent pour de petits artisans roumains et les Roumains pour des civils autrichiens ou allemands à la recherche de quelque profit en pays occupé.

A l'entrée du village, nous croisons des paysans, des soldats allemands en calot rond : à notre grande joie, nous ne paraissons pas attirer l'attention.

Nous avons bien pris toutes les précautions possibles pour arriver à Strehaia juste au moment du départ du train. Malheureusement, la gare est située à l'autre bout du village qui s'étend sur un vaste espace. Nous nous hâtons, mais il est un peu plus de dix heures. Le train que, de loin, nous avons vu stationner, siffle et s'éloigne.

Nous rebroussons chemin, la rage au cœur et par un sentier, nous nous réfugions dans un bois. Il nous faut attendre jusqu'au lendemain soir.

La pluie commence à tomber violemment et passe à travers le feuillage. Comme notre principale préoccupation est de ne pas endommager nos vêtements, nous enlevons des rondins dans une coupe et nous nous étendons dessus, en nous recouvrant de nos manteaux. Sur cette couche inconfortable nous ne parvenons pas à dormir et, tout endoloris, nous attendons le jour.

Il est plus prudent de demeurer dans le bois. Nous cherchons un endroit où le taillis soit assez dense pour bien nous dissimuler.

C'est bien une des plus pénibles journées que j'aie jamais vécues au cours de toutes mes évasions ! La pluie tombe par intermittences. Nous sommes, l'un et l'autre, très énervés. De temps à autre des voix allemandes et roumaines parviennent jusqu'à nous, ou bien des coups de hache retentissent. Il nous semble que cette longue journée d'angoisse s'éternise.

Enfin, le crépuscule envahit peu à peu le bois. Nous suivons d'un regard anxieux la marche des aiguilles sur le cadran de nos montres.

Pour ne pas être victimes d'une mésaventure pareille à celle de la veille, nous nous acheminons vers la gare avec un peu d'avance.

Dans la station, il y a déjà beaucoup de paysans et de paysannes en costume national. Tous les employés sont des soldats allemands. J'ai retenu la phrase indiquée par le maître d'école de Catunelé pour demander les billets, en roumain, mais à cause de l'accent, je préférerais parler en allemand. C'est un *Feldwebel* qui distribue les billets et examine les « *Ausweise* » (cartes d'identité).

Il parle en roumain, mais très difficilement, car, avec chaque paysan, il engage une discussion confuse, qu'il entremêle de retentissants : « *Sakrament! Sakrament!* »

Je m'approche et, avec un sourire doucereux, je demande : « *Bukarest, zwei billets, dritter klasse* ». Sa figure s'éclaire et, en me rendant le peu de monnaie qui me revient, il dit avec autorité : « *Sie sprechen ein gutes deutsch. Früher hiess es Bucuresti, jezt heisst es Bukarest. So! So! Alle Rumänen müssen das deutsche erler-*

nen. » (Vous parlez un bon allemand. Autrefois on disait Bucuresti, maintenant on dit Bukarest. Bien ! Bien ! tous les Roumains doivent apprendre l'allemand).

Très satisfait de trouver enfin deux Roumains qui paraissent se germaniser facilement, il ne nous réclame pas nos *Ausweise* et nous nous empressons de passer sur le quai.

Le wagon où nous sommes montés est à peu près vide, mais il se remplit de paysans et de paysannes à chaque station. Nous faisons semblant de dormir ou bien nous échangeons quelques mots en allemand. Nos voisins nous regardent avec méfiance et sans aucune sympathie.

De Strehaia à Bucarest, la distance est d'environ trois cents kilomètres, nous roulons toute la nuit.

A l'aube, le train s'arrête dans une gare assez importante. La portière s'ouvre, deux paysannes encombrées de ballots cherchent à monter, mais un Roumain, vêtu d'un veston, assis en face de nous veut s'y opposer, parce que le compartiment est déjà bondé.

L'altercation attire un *Gefreite* (soldat allemand de première classe) de service. Il tient à la main un solide bâton. Son enquête est rapide. Il pousse violemment les deux femmes à l'intérieur du wagon, puis, debout sur le marche-pied, il aligne deux bons soufflets au protestataire, qui crie lamentablement : « *Kamerad! ich habe mein Ausweis... Ich habe...* » En réponse le *Gefreite* prend dans la main droite son gourdin et lui en administre un coup magistral qui fait saigner le nez et les lèvres. Evidemment, l'ordre règne en Roumanie !

A Bucarest, le train déverse un véritable torrent de voyageurs qui nous entraîne vers la sortie.

A BUCAREST

SOUS LE REGNE DE VON MACKENSEN

Dans la cour de la gare, des gamins, porteurs de petites boîtes cirent les chaussures des passants. Nous acceptons l'offre et leur donnons quelque menue monnaie. Mais les galopins dont nous ne comprenons pas le langage, rient beaucoup, sans doute en nous couvrant de lazzis. Celui qui cirait les souliers de Rahir a dû s'apercevoir qu'il n'y avait pas de talons et presque plus de semelle !

Nous marchons, au hasard, pour trouver la rue Francmasoni qui est située dans le voisinage de la gare. D'après les indications du maître d'école de Catunelé, nous devons nous présenter au numéro 15 à Mademoiselle Marioara. Nous découvrons enfin la Strada Francmasoni. Devant la porte du N° 15, se trouve justement une vieille femme ; nous l'abordons en demandant en allemand si Fraülein Marioara est à la maison. La bonne femme répond : *Nein!* et nous ferme au nez brusquement la porte grillagée.

Mais nous insistons en faisant assez de bruit. Le vacarme doit s'entendre de l'intérieur de la maison. Une jeune femme ouvre la porte et nous demande en allemand ce que nous désirons. Nous lui faisons signe d'approcher et nous lui avouons que nous sommes deux Français, évadés d'Autriche, recommandés par les frères Prundeano, de Catunelé. Après avoir hésité quelques minutes, la jeune femme nous prie de revenir vers midi : son mari sera de retour et pourra nous recevoir.

Comme nous avons à occuper plus de trois heures,

nous déambulons à travers les ruelles, puis nous suivons la Calea Victoriei, superbe avenue bordée de magasins luxueux, de cabarets où se pressent d'élégants officiers allemands en uniforme, fine fleur des embusqués berlinois.

Aux murs, aux édifices publics sont attachés d'énormes écriteaux en langue tudesque, pareils à des marques infamantes sur l'épaule de la ville vaincue! on lit : « *Entläusungstelle!* » (local où on enlève les poux), *Offiziersheim!* (local des officiers!) *Soldatenheim!* (local des soldats!) *Eintritt verboten für Civil.* (Entrée interdite aux civils.) Le mot « *Verboten* » (interdit) est répété indéfiniment.

Nous pénétrons dans un magnifique jardin public, *Cismigiou,* en titubant, comme si l'intense mouvement de la grande ville nous avait grisés, et nous nous laissons tomber sur un banc. Les pieds me font horriblement mal. Mon compagnon, qui a les talons en sang, souffre encore plus que moi, stoïquement, sans une plainte.

Non loin de nous, un *Herr Leutnant*, rigidement sanglé, cravache en main, monocle insolent, lorgne les barques qui promènent sur le lac, au gré des joyeux rameurs de Germanie, les filles fardées, aux yeux de luxure.

C'est une féerie printanière dans ce parc : des fleurs à profusion, roses d'un rouge vif, pensées de velours noir, bleus myosotis, jacinthes aux délicates clochettes; des femmes passent, charmantes, d'une allure souple et gracieuse.

Mais les Feldgrau, officiers, Feldwebels, soldats, peuplent aussi les allées de leur innombrable grisaille. Ils sont frais, bien rasés, heureux de vivre : ce sont les vainqueurs. Combien lamentables nous sommes, nous, affalés sur notre banc, les pieds en feu, les entrailles torturées par la faim, loqueteux!

Nous revenons rue Francmasoni.

Monsieur Biraesco nous reçoit. C'est un homme d'une trentaine d'années, de taille moyenne, vif de mouvements, les yeux très bleus. Il est d'abord sur ses gardes, et nous fait subir un interrogatoire serré. Mais, lorsqu'il est convaincu que nous sommes bien deux Français évadés, il nous serre la main en nous disant qu'il est tout entier à notre disposition.

Il nous invite à prendre place à sa table avec sa femme, son petit enfant de deux ans, Nicolas, et Mademoiselle Marioara, jeune lycéenne, tout émue et rougissante.

Nous remercions monsieur Biraesco de son dévouement, mais nous témoignons un légitime scrupule d'accepter une hospitalité qui peut devenir si compromettante pour lui. Il nous demande la permission de s'absenter, et, une heure après, revient accompagné d'un jeune homme brun à l'air décidé, qu'il nous présente :

« Monsieur Ilie Sora, Transylvain. »

Nous suivons monsieur Ilie Sora, qui nous guide à travers des ruelles populeuses et nous fait entrer dans une maison d'aspect sordide. Au rez-de-chaussée, dans une vaste chambre, on a dressé deux lits de camp.

C'est là que nous habiterons, durant une semaine, en continuant à prendre nos repas chez monsieur Biraesco. Les services policiers allemands, qui ont eu vent du séjour de deux étrangers dangereux, ne réussissent pas à nous découvrir.

A ce moment, la puissance allemande est formidable ; beaucoup pensent que la France sera vaincue : toutes les portes ne s'ouvrent pas.

La présidente d'une ligue philanthropique, qui passe pour très francophile, a exprimé le désir de nous voir.

Elle nous reçoit dans un salon richement meublé, un peu obscur, et nous fait raconter notre évasion.

Comme elle ne nous ménage pas ses témoignages d'admiration, je formule, avec des excuses, notre humble requête pour obtenir, par son intermédiaire, la paire de chaussures dont mon compagnon a le plus grand besoin.

Mais, à partir de ce moment, une sorte de gêne domine la conversation. Notre interlocutrice pense-t-elle que nous cherchons à lui donner un rôle actif dans notre révolte contre l'autorité allemande, pense-t-elle que nous lui demanderons d'autres services plus compromettants?

« Je regrette, répond-elle, de ne pouvoir vous rendre le service que vous me demandez. La paix n'est pas signée définitivement avec l'Allemagne, mais le roi de Roumanie qui s'est conduit comme un preux, a pris l'engagement, par l'armistice, de demeurer neutre; donc tous les Roumains, doivent être maintenant, neutres. »

Cette belle déclaration, presque déclamée, nous indigne, et nous nous levons pour prendre congé.

La princesse X... d'un geste spontané, appuie une main sur les miennes, et d'une voix rapide et triste, continue : « Je parle le français depuis toujours, j'aime la France, mais vous ignorez les événements : la victoire allemande est certaine et la France n'a plus qu'à se soumettre. » En regagnant la porte avec mon compagnon, je réponds que nous n'acceptons pas cette prophétie et que nous gardons l'espoir entier en notre juste victoire.

Il est probable que la princesse X... a eu quelque méfiance vis-à-vis de ces romanesques évadés. Mais il eût été plus simple, de sa part, de ne point provoquer cette entrevue.

Nos amis n'ont pu cacher notre présence au petit cercle de leurs relations. Nous recevons la visite de gens sympathiques, qui se réjouissent du bon tour joué aux Allemands : deux Français fugitifs, dissimulés tout près de l'endroit où réside l'état-major de Von Mackensen!

Les imprudences sont à redouter, d'autant plus que nous sommes à la merci du moindre incident.

Nous faisons part de nos appréhensions à nos hôtes, mais les fils de fer barbelés sont plus faciles à franchir que la barrière des mains amies. Ce n'est qu'après bien des efforts que nous parvenons à leur faire accepter notre plan de fuite.

La frontière de Moldavie est à plus de deux cents kilomètres. Mais une doctoresse roumaine apporte à mon compagnon une bonne paire de souliers. Nous pourrions nous mettre en route à pied. Cependant, nous savons qu'il est difficile de sortir de Bucarest : les routes sont gardées, les paquets visités pour la surveillance du trafic avec la campagne environnante. Nous voudrions prendre le train jusqu'à la petite ville de Buzeu et, de là, nous approcher du front à travers les bois.

Ilie Sora, de très bonne heure, se rend à la gare pour prendre deux billets. Nous l'attendons jusqu'à midi, chez monsieur Biraesco. Il revient enfin fort dépité : les gens passent la nuit dans la cour de la gare et font la queue durant des heures. Les soldats allemands n'hésitent pas à taper à coups de botte et à coups de crosse dans la cohue, dès qu'il y a la moindre bousculade.

En attendant de trouver une occasion favorable, il est prudent de changer de gîte. Nous allons loger dans une petite maison au fond d'un jardin, 46 Strada Anghelesco, où habitent la mère et la sœur de madame Biraesco. Nous sommes reçus comme les enfants de la maison, mais malgré les supplications de ces braves dames, nous poursuivons notre idée de prendre le train.

Le samedi, premier juin, partis bien avant le jour, nous stationnons dans la cour de la gare, au milieu des jurons et des piétinements. Des soldats boches montent la garde près du guichet et, aux issues, d'autres endiguent le flot ; un *Unteroffizier* examine les papiers des voyageurs.

Nous pouvons nous rendre compte de la comédie odieuse qui se joue. Jamais, dans nos camps de prisonniers de guerre, les Boches n'auraient osé se conduire avec ce sans-gêne de brutes !

Quelques habiles s'approchent de l'*Unteroffizier*, tenant d'une main, leurs papiers d'identité, de l'autre une boîte de cigares. Les présents sont toujours agréés, mais pas toujours jugés suffisants. Voici un pauvre diable qui offre une petite boîte de cigarettes, l'*Unteroffizier* la prend et, en jurant, il chasse le malheureux vers la sortie, à grands coups de botte.

Les soldats refoulent les gens brutalement; de temps en temps, l'*Unteroffizier* se précipite à la rescousse et tape dans le tas avec sa canne. Indigné, je vois ainsi frapper en pleine figure une dame respectable, déjà âgée.

J'ai bien eu des colères, en captivité, contre nos gardiens, mais elles étaient superficielles. Au front, non plus je n'avais pas éprouvé, sans doute comme beaucoup de combattants, une véritable haine contre l'ennemi. Je me souviens d'une scène de guerre : aux Eparges, quelques-uns de mes compagnons venaient d'être broyés par une torpille, et, un instant après, quatre Boches, déséquipés, au fond d'un abri, en me voyant agiter furieusement ma baïonnette s'étaient jetés à genoux. Eh bien ! je ne pensais pas à leur faire le moindre mal.

Mais c'est maintenant une rage folle, inexorable, il faut en finir. J'ouvre mou couteau à cran d'arrêt et le dissimule dans une poche. Ma résolution criminelle me donne un calme merveilleux : si la brute me frappe, d'un geste brusque je lui plongerai ma lame dans la gorge.

C'est notre tour.

J'avance d'un pas assuré, tenant un *Ausweis*, l'autre main dans la poche du manteau. Le Boche a lu sa mort dans mes yeux : je suis sûr qu'il a peur. Il abaisse sa canne, arrête un juron et s'écarte pour nous livrer passage.

Au guichet, on me tend deux billets pour Buzeu et nous voilà en route vers la Moldavie.

VERS LA MOLDAVIE LIBRE

Le train est surchargé. Il y a des gens, en costume roumain, sur les marche-pieds et sur les toits des wagons.

A cinq heures de l'après-midi, nous nous arrêtons à Buzeu, nous nous éloignons rapidement de la gare et franchissons la rivière sur le pont de la grand'route qui conduit à Rimnic-Sarat.

Toute la nuit, nous marchons, sous des ondées intermittentes. Lors de la retraite roumaine, des combats ont été livrés dans la région, car une odeur de cadavres, probablement enterrés peu profond, s'exhale de la terre mouillée. Nous nous arrêtons à l'aube, dans un petit cimetière bien entretenu où se trouvent surtout des tombes allemandes.

En nous dirigeant vers l'Ouest, nous traversons des champs d'orge et atteignons des collines boisées. Nous nous approchons avec prudence d'une chaumière isolée. A l'intérieur, vaque aux soins du ménage une paysanne, très effrayée de notre intrusion, mais lorsqu'elle apprend que nous sommes deux Français, elle nous offre de la mamaliga, du lait, du fromage. Elle ne veut accepter aucun paiement : « *Và ofcr accasta, Domnuli Francez, din toata inima!* » (je vous donne cela, Messieurs les Français, de tout mon cœur). Les soldats allemands sont, paraît-il, nombreux dans la région.

Nous ne tardons pas, d'ailleurs, à constater leur présence. Comme nous faisons halte dans un taillis, nous apercevons un soldat boche qui passe, une hache à la main, tout près de nous.

Pour atteindre la Moldavie, nous estimons que nous avons à parcourir une centaine de kilomètres. En utilisant une assez bonne carte allemande, au 300.000ᵉ, nous avons l'intention de nous diriger vers le mont Odobesti (1.001 mètres). La contrée est accidentée, couverte de bois, notre projet consiste à marcher, le jour, à la boussole, par les sentiers et le lit des ruisseaux, en évitant les villages.

Au soleil couchant, en bordure d'un pâturage, nous rencontrons un homme, vêtu de gris, coiffé d'une casquette. Je lui adresse la parole en roumain : « *Buna sera, prieten, unde mergi?* » (Bonsoir ami, où vas-tu?), mais il serre violemment son bâton, d'un air farouche, sans répondre. Il est très brun, hirsute, encore plus maigre que nous. Je continue : « *Vorbitsi niemtsechté?* » (parlez-vous allemand?). Il répond dans un idiome slave. Nous secouons la tête pour lui signifier que nous ne comprenons pas. Alors, dans un très mauvais italien, il nous dit qu'il est soldat serbe, échappé d'un camp autrichien. C'est un compagnon d'infortune, mais il serait dangereux de voyager à trois. Nous partageons avec lui quelques provisions emportées de Bucarest, lui donnons des cigarettes, et, lui indiquant la direction de la Moldavie, nous lui souhaitons bonne chance.

Nous dormons très mal sous les arbustes où nous nous sommes réfugiés, et, comme la nuit est assez claire, nous nous engageons dans la vallée de la petite rivière Rimnic, en aval de Bicesti de jos.

Au matin, nous nous reposons à flanc de coteau, lorsque nous entendons sur le sentier, en bas, un bruit de sabots de chevaux. Un officier allemand, suivi de son ordonnance, débouche et nous apercevant, se dresse sur les étriers et nous crie d'approcher. Mais nous nous hâtons de disparaître au plus profond des fourrés.

Toute la journée, nous continuons à marcher dans la direction du Nord. Comme les acacias sont fleuris, nous faisons une ample provision de pétales. Rahir me dit que, chez lui, on les utilise pour confectionner des omelettes, et nous les mâchons avec avidité.

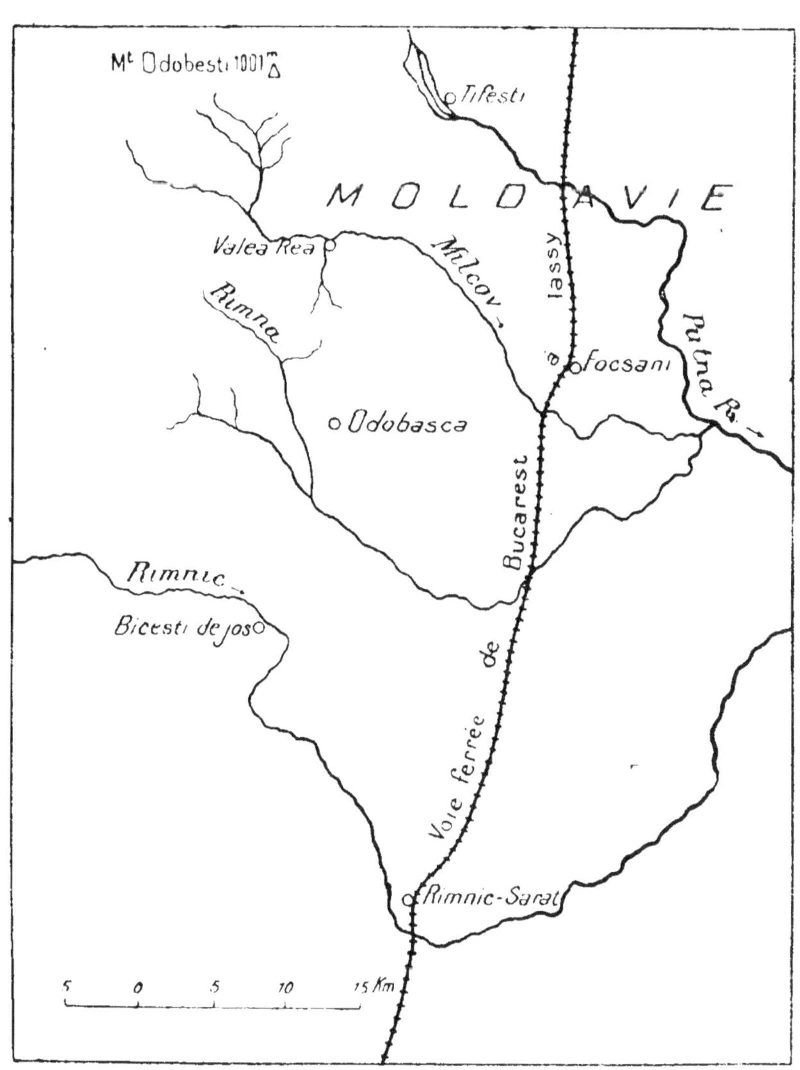

3ᵉ ÉVASION : DE BUZEU A TIFESTI

Nous avons, sans doute, encore mal choisi l'emplacement de notre halte pour passer la nuit, dans la région d'Odobasca, car le froid humide nous oblige à nous remettre en route.

Nous somnolons quelques heures au soleil, puis traversons des collines argileuses, couvertes de hêtres et de charmes. En arrivant à une déclivité presque à pic, Rahir, pour éviter un détour, avant que je puisse l'arrêter, s'élance sur un jeune arbre dont la cime est à notre niveau. L'arbre se courbe sous le poids, et je vois disparaître mon compagnon à travers le feuillage.

Je le retrouve, quelques instants après, couché au milieu d'un inextricable fourré qui, heureusement, a amorti la chute.

L'après-midi, nous découvrons dans le lit encaissé d'un torrent, des squelettes de chevaux. Nous ne sommes pas très éloignés du village de Valea Réa. Dans une chaumière misérable, une vieille paysanne nous offre une soupe d'herbes : elle n'a pas autre chose. La pluie passe à travers le toit à moitié démoli, les cloisons ont été trouées par des balles. La bonne femme se lamente en un jargon où revient fréquemment le mot sinistre « *Razboiu* » (la Guerre).

Nous passons, sur un pont de bois, la petite rivière Milcov qui sépare la Valachie et la Moldavie, mais nous savons que le front s'est stabilisé plus avant.

A la tombée de la nuit, nous remontons le lit d'un torrent, le long des pentes du mont Odobesti. Il pleut violemment. Nous sommes obligés pour nous reposer de nous étendre sur des pierres plates. Au cours d'une somnolence, ma tête a-t-elle glissé dans une flaque, ou bien le ruisseau a-t-il grossi? je m'éveille, la moitié de la figure baignant dans l'eau glacée.

Nous recommençons à gravir la pente, le fond de la vallée torrentielle est encombré de troncs pourris ; c'est une marche infernale dans la nuit ! Pour comble de malheur, je suis pris de douleurs névralgiques dans la mâchoire, comme si l'on m'y retournait un fer chaud. Je prie mon compagnon de ne pas s'émouvoir de ces plaintes, qui me soulagent, et nous avançons, tâtonnant, butant, nous relevant, au milieu de mes gémissements

monotones.

Lorsque le jour pointe, nous avons, enfin, escaladé les versants du maudit vallon en entonnoir et saluons joyeusement les bons rayons du soleil.

Nous apercevons sur un grand chêne une touffe de gui, symbole d'espérance ! Nous lançons des pierres pour faire tomber quelques brins que nous plaçons précieusement dans nos portefeuilles.

Au carrefour de deux routes, méthodiquement tracées par les Allemands, se trouvent des Casemates vides.

Nous sommes au sommet du mont Odobesti : devant nous, à perte de vue, s'étend la plaine Moldave, traversée par deux larges rivières, la Putna et le Sereth.

Durant l'après-midi, par de petits sentiers, nous descendons les pentes de la montagne dans la direction de Tifesti.

Avec beaucoup de précautions, nous approchons d'un village à la recherche d'un pont pour franchir la Putna, mais nous apercevons un Boche qui se promène près des premières maisons.

Nous revenons en arrière, coupons à travers des champs de vigne pour gagner la vallée plus en amont.

La nuit commence à tomber. Nous apercevons une île allongée, où nous passons, après nous être déchaussés ; mais, de l'autre côté, la rivière paraît assez profonde. Mon compagnon nage très mal ; je suis, heureusement, bon nageur. Je me déshabille et me jette à l'eau ; il m'est assez difficile de me maintenir contre la violence du courant. Après plusieurs essais, il me semble plus facile de tenter le passage vers la pointe de l'île, en aval, où l'on ne perd pied que par endroits.

Nous plaçons nos vêtements dans nos sacs tyroliens que nous arrimons sur les épaules et nous faisons la traversée avec beaucoup de peine, car le bras est large et le courant rapide. Sur la rive, nous nous rhabillons, en claquant terriblement des dents.

Nous nous mettons en marche dans la direction de Panciu, en sautant par-dessus plusieurs lignes de tranchées pour tireurs à genoux.

Vers minuit, par un talus boisé très abrupt, nous descendons dans le lit presque complètement à sec de la rivière Susitsa. Nous sommes tout joyeux : à Bucarest, on nous a dit que le front allemand s'arrêtait là.

Nous entrons dans une chaumière à peu près démolie. Je ramasse un journal et l'enflamme pour lire ma carte : c'est un journal allemand! Comme une réponse à la lueur, de brusques rayons de lampes électriques, espacés sur une même ligne, à quelque distance, brillent un instant.

Nous nous engageons sur une route, et, de loin en loin, passons devant les décombres de maisons détruites par le bombardement.

Nous rencontrons un puits recouvert d'un toit. Comme nous sommes très fatigués, nous nous y réfugions et nous nous étendons des deux côtés de la margelle.

Soudain, je suis tiré de ma somnolence par mon compagnon qui me secoue violemment et me crie dans l'oreille : — « Nous sommes chez les Boches! » D'abord je pense qu'il est victime d'une hallucination : « Allons, calme-toi. Tu sais bien que nous avons passé la Susitsa. » — « Je te dis que nous sommes encore chez les Boches. Il faut filer. » — « Nous ne pouvons plus nous traîner. Attendons d'y voir clair. » — « Non! non! filons tout de suite. »

Il est trois heures : la nuit est complètement obscure. Brusquement le sol est coupé par une tranchée. Nous sautons au fond et, en sondant avec nos bâtons, de l'autre côté nous faisons retentir des fils de fer barbelés. Nous grimpons sur le parapet, puis nous nous glissons sous les fils de fer. Il nous semble que nous avons parcouru six à huit mètres, silencieusement, mais nous faisons du bruit et poussons des exclamations involontaires quand nous sommes accrochés aux piquants.

Soudain, de la tranchée, une voix furieuse de sentinelle : « *Wohin gehen Sie? Was geht los!* » (Où allez vous ? qui fiche le camp !)

Nous nous immobilisons.

Nous courons le danger d'être fusillés à bout portant, au premier bruit qui permettra de repérer notre position ; donc il faut empêcher la sentinelle de tirer. Comme elle nous a laissés passer, elle est en faute... Nous n'avons qu'à lui laisser l'espoir de nous cueillir sans fracas.

« *Gehen Sie hinunter!* » (descendez) hurle la voix furibonde. Je réponds : « *Ia, Ia! Ich bin Schneider. Wir gehen nach Panciu!* » (Oui, oui, je suis tailleur. Nous allons à Panciu!) « *Gehen Sie hinunter!* » En même temps, bruit métallique et menaçant d'un mécanisme de fusil. « *Ia, Ia Wir gehen hinunter. Wo sind Sie?* » (Oui, oui, nous descendons. Où êtes-vous). Mais nous rampons dans le sens opposé. Les barbelés sont franchis. Nous courons sur la prairie, follement, pris d'une terreur panique.

Nous arrivons à une nouvelle ligne de fils de fer barbelés : la tranchée roumaine ! Les fils de fer sont sur une faible épaisseur : nous les franchissons, sans savoir comment, dans un véritable état d'hallucination, et nous nous tapissons au fond de la tranchée. Après avoir un peu soufflé, nous reprenons notre course et nous nous enfonçons dans des taillis.

Le soleil paraît. Un coq chante à l'orée du bois. Nous quittons notre cachette et apercevons un paysan. Il nous explique, dans un discours, où beaucoup de phrases nous échappent, que nous n'avons plus rien à craindre des Boches.

Au détour d'une route, nous rencontrons un détachement de soldats roumains. Ils ont formé les faisceaux et préparent du thé sur de petits feux de sarment. Combien notre joie est grande en apercevant ces humbles soldats déguenillés !

Le sous-lieutenant parle un peu le français. Nous lui

racontons brièvement notre aventure. Il est perplexe et nous répond qu'en suivant la route nous rencontrerons une station de voie ferrée où se trouvent des officiers roumains.

Les soldats nous entourent, nous regardent avec curiosité, mais aucun ne pense à nous offrir une gamelle de thé. Nous en aurions grand besoin, mais sommes trop orgueilleux pour quémander.

Tout à fait rassurés, nous quittons les soldats roumains. En traversant le hameau de Movilitsa, presque complètement démoli, nous sommes abordés par un homme malingre, petit marchand israélite, qui nous interroge en roumain, en allemand, puis nous conduit dans une échoppe sordide où il nous fait donner deux tasses de café au lait et des biscuits. Notre hôte nous dit que nous sommes à huit kilomètres de la station de Pofesti. A ce moment, passe, traînée par deux vaches, une charrette dans laquelle somnole un soldat roumain. Nous y montons sans le réveiller et, bientôt, au balancement monotone des roues, nous nous endormons profondément.

Nous sommes tirés de notre sommeil par de brusques éclats de voix. Un capitaine roumain, l'air furieux, demande des explications à notre conducteur. L'autre est au garde à vous, mais lève les bras au ciel, tout à fait ahuri. Evidemment, il lui est difficile de légitimer la présence, dans le chariot, de ces deux personnages inconnus !

Je m'adresse en français au capitaine. Mais l'aspect de ces deux individus aux vêtements en lambeaux, aux mains maculées de sang, qui racontent une romanesque évasion d'un camp autrichien situé à deux mille kilomètres, ne lui inspire pas confiance.

Comme il commande la station, il propose de nous faire restaurer, reposer et, ensuite, conduire à l'état-major du corps d'armée.

J'interromps :

— Mon capitaine, la mission militaire Berthelot est

bien en Moldavie ?

— Non, répond-il, depuis deux mois, elle est partie par la Russie. Mais à Iassy, se trouve la Légation de France avec Monsieur de Saint-Aulaire, Monsieur Robert de Flers et des officiers français.

— Eh ! bien nous n'avons de comptes à rendre qu'aux autorités françaises. Donnez-nous la permission de monter dans un fourgon du train de Iassy. »

En attendant, une ordonnance nous conduit dans une chambre où nous pouvons faire une toilette sommaire, prendre un léger repas et nous reposer.

A cinq heures de l'après-midi, un officier roumain vient nous chercher et nous installe dans un wagon de première classe.

Le lendemain matin, 7 juin, par un soleil éclatant, nous entrons en gare de Iassy.

Nous ne tardons pas à nous présenter à la Légation de France où nous sommes reçus correctement.

Après avoir fourni au général, commandant le bureau militaire français, un rapport détaillé sur les observations faites à travers les pays ennemis et la Valachie occupée, nous rentrons en service.

TABLE DES MATIERES

TABLE DES CROQUIS

Saint-Denis. Imp Dardaillon. — 10-30

YOURI BEZSONOV

Ancien capitaine de cavalerie de la Division caucasienne
dite « Division Sauvage »

Mes vingt-six prisons et mon évasion de Solovki

Traduit du russe par E. Semenoff. Un vol. in-8 avec 9 illus-
trations hors texte et 4 cartes .. .. **20 fr.**

SIR GEORGE BUCHANAN

Ambassadeur d'Angleterre en Russie (1910-1917).

Mémoires de Sir George Buchanan

Traduit de l'anglais par Marcel Thiébaut. 1 vol. in-8. **18 fr.**

*Voici un document capital sur la Révolution russe. De ce
drame où tout un peuple a sombré, sir George Buchanan
a observé toutes les phases avec un esprit impartial et aigu.
Ses relations personnelles avec la famille impériale auprès
de laquelle il était persona grata lui ont permis de suivre
de près — durant les derniers jours de l'ancien régime —
les intrigues que se sont tramées autour de Nicolas II.*

YOURI DANILOV

Quartier-Maître général des Armées russes

La Russie dans la Guerre mondiale

Un vol. in-8 avec 12 cartes hors texte en déplié. **40 fr.**

*Ce livre fondamental écrit par le Quartier-Maître général
des Armées russes prendra sa place à côté du célèbre ouvrage de Ludendorff, Quartier-Maître général des Armées
allemandes.*

Documents diplomatiques secrets russes

D'après les archives du Ministère des Affaires Etrangères
à Petrograd. — I. Mémoranda du Ministre des Affaires
Etrangères. — II. Pourparlers secrets entre la Russie et
la Turquie. — III. Pourparlers secrets entre la Russie
et la Bulgarie. — IV. Pourparlers secrets entre la Russie
et la Roumanie. — V. Pourparlers secrets entre la Russie
et l'Italie. — VI. Pourparlers secrets entre les Alliés au
sujet de Constantinople et des Détroits. Traduit du russe
par J. Polonsky. Un vol. in-8 .. .. **25 fr.**

GEORGE ARTHUR. Kitchener et la guerre, 18 fr. ASHMEAD. La Vérité sur les Dardanelles, 30 fr. ASQUITH. La genèse de la guerre, 24 fr. *Amiral* BACON. Le Scandale du Jutland, 18 fr. BAKER. Le président Wilson et le règlement franco-allemand, 24 fr. JOFFRE, KRONPRINZ, FOCH, LUDENDORFF. Les deux batailles de la Marne., 5-11 Sept. 1914, 15-18 Juillet 1918. 15 fr. *Général* BUAT. Ludendorff, 9 fr. *Ambassadeur* BUCHANAN, Mémoires, 18 fr. *Maréchal* BULOW. La bataille de la Marne, 12 fr. CAHEN-SALVADOR. Les Prisonniers de Guerre (1914-1919), 25 fr. *Amiral* CAMPBELL, Mes Navires Mystérieux, 18 fr. *Commandant* CARPENTER. L'embouteillage de Zeebrugge. 15 fr. *Général* CHAMBRUN. L'armée américaine. 24 fr. CHATTERTON. Bateaux-Pièges (Q- Ships). 18 fr. CHURCHILL. La Crise mondiale, I : 1911-1915, 25 fr.; II : 1915, 25 fr. CLEMENCEAU. La France devant l'Allemagne, 12 fr. *Le Coup d'Etat bolcheviste* 23 oct.-3 déc. 1917, 50 fr. *Général* CRAMON. Quatre ans au G. Q. G. austro-hongrois, 24 fr. *Général* DANILOV. La Russie dans la guerre mondiale, 40 fr. *Documents diplomatiques secrets russes 1914-1917,* 25 fr. DOHNA. La "Möwe", 18 fr. ERZBERGER. Souvenirs de guerre, 24 fr. FAWCETT ET HOOPER. La bataille du Jutland, racontée par les combattants, 20 fr. *Colonel* FEYLER. Le problème de la guerre, 15 fr. W. FŒRSTER. La stratégie allemande en 1914-1918. 50 fr. GALLIENI. Mémoires, 24fr. GENTIZON. Le drame bulgare, 24 fr. *Ambassadeur* GERARD, Face à face avec le Kaisérisme, 15 fr. GILLIARD. Le tragique destin de Nicolas II et de sa famille, 25 fr. GRAF. La marine russe dans la guerre et la révolution 25 fr. GRELLING. J'accuse, 24 fr. Le Crime, 72 fr. Documents belges. 24 fr. EDWARD GREY, Mémoires, 40 fr. GROMAIRE. L'occupation allemande en France, 24 fr. GRUMBACH. L'Allemagne annexionniste, 24 fr. GUCHARD. Histoire du blocus naval, 1914-1918, 20 fr. HANSI et TONNELAT. A travers les lignes ennemies, 9 fr. *Amiral* HARPER. La vérité sur la bataille du Jutland, 25 fr. Cᵗ HASE. La Bataille du Jutland, 12 fr. Succès allemand du Skagerrak, 15 fr. *Général* HAUSEN. Campagne de la Marne, 12 fr. HAUSSMANN. Journal d'un Député au Reichstag, 30 fr. *Généraux* HIRSCHAUER ET KLEIN Paris en défense (1914), 25 fr. *Général* HŒPPNER. L'Allemagne et la guerre de l'Air, 18 fr. *Général* HOFFMANN. La guerre des occasions manquées et " La vraie bataille de Tannenberg ", 25 fr. *Prince* HOHENLOHE. Souvenirs, 20 fr. *Prince* HOHENZOLLERN. L'Emden, 18 fr. *Colonel* HOUSE. Ce qui se passa réellement à Paris en 1918-1919, 24 fr. Papiers intimes, 2 vol. 100 fr. HULDERMANN. Albert Ballin, 18 fr. *La chute du régime tsariste d'après les Interrogatoires des ministres, généraux etc.* 32 fr. IRVING. Coronel et les Falklands, 18 fr. *Ambassadeur* ISWOLSKY. Mémoires, 18 fr. *Amiral* JELLICOE. La Grand Fleet, 40 fr. JONESCO. Souvenirs, 6 fr. KANN. Le plan allemand de 1914 et son exécution, 12 fr. KIDERLEN-WAECHTER intime, 24 fr. KÉRENSKI. La Révolution russe, 25 fr. KLOTZ. De la guerre à la paix, 18 fr. *Général* KLUCK. La marche sur Paris, 12 fr. *Commandant* KOELTZ. Bataille de France, 20 fr. KRONPRINZ. Mémoires, 24 fr. Souvenirs de guerre, 24 fr. *Général* KUHL. Le grand Etat- Major allemand, 15 fr. Campagne de la Marne, 1914, 25 fr *Général* LANREZAC. Le plan français, nouv. éd. revue, 30 fr. LANSING. Mémoires, 24 fr. LAPORTE. Premier échec des Rouges, 18 fr. Cᵗ LARCHER. La Grande Guerre dans les Balkans, 30 fr. LAURENS. Histoire guerre navale 1914-1918, 20 fr. *Colonel* LAWRENCE. Révolte dans le désert, 32 fr. LEFEBURE. Enigme du Rhin (La stratégie chimique), 9 fr. LEGRAS. Mémoires de Russie, 24 fr. GRANDS-DUCS. Lettres à Nicolas II, 24 fr. *Impératrice* ALEXANDRA. Lettres à Nicolas II, 24 fr. *Prince* LICHNOWSKY. Vers l'abîme, 25 fr. *Général* LIMAN VON SANDERS. Cinq ans de Turquie, 18 fr. *Comte* LUCKNER. Le Dernier Corsaire, 18 fr. LUDENDORFF. Souvenirs de guerre, 48 fr. Documents du G. Q. G. allemand, 48 fr. MELAS. L'ex-roi Constantin, 18 fr. MERIWETHER, Journal, 12 fr. MICHELSEN. La Guerre sous-marine, 25 fr. MONASTEREV. Dans la mer Noire. 20 fr. *Ambassadeur* MORGENTHAU. Mémoires, 18 fr. MUCKE. L'équipage de l' ' Ayesha", 18 fr. NICOLAS II. Journal intime, 18 fr. Archives secrètes, 20 fr. NIPPOLD. Le chauvinisme allemand, 30 fr. NORTHCLIFFE. A la guerre, 6 fr. NOWAK. Les dessous de la défaite, 30 fr. Les dessous de la révolution, 25 fr. *Ambassadeur* PAGE. Vie et Correspondance. 60 fr. *Maréchal* PÉTAIN. Bataille de Verdun, 15 fr. PETIT. Finances extérieures de France pendant la guerre, 60 fr. POCHHAMMER. Dernière Croisière de von Spee, 18 fr. POURTALÈS. A Saint-Pétersbourg en juillet 1914, 25 fr. PUAUX. Le mensonge du 3 août 1914, 18 fr. *Colonel* REPINGTON. La première guerre mondiale 60 francs. *Amiral* REUTER. Scapa-Flow, 15 fr. *Colonel* REVOL. L'effort des alliés, 12 fr. Le plan XVII, 7fr. 50. Foch, 7 fr. 50 *Maréchal* ROBERTSON. Conduite générale de la Guerre, 40 fr. RODZIANKO. Le règne de Raspoutine, 20 fr. *Amiral* RONARC'H. Souvenirs. 12 fr. *Général* ROUQUEROL. L'Amiral Koltchak, 20 fr. SAVTCHENKO. Les Insurgés du Kouban, 20 fr. SAZONOV. Les années fatales, 25 fr. *Amiral* SCHEER. Mémoires, 30 fr. *Président* SCHEIDEMANN. L'effondrement, 18 fr. *Colonel* SCHNITLER. Histoire de la guerre mondiale, 25 fr. *Amiral* SCHOULTZ. Avec la "Grand Fleet", 25 fr. *Général* SIKORSKI. La Campagne polonaise de 1920, 25 fr. SIMONDS. Histoire de l'Europe d'après guerre, 30 fr. *Amiral* SIMS. Victoire sur mer, 24 fr. SMIRNOFF. L'assassinat des Grands-Ducs, 25 fr. SOKOLOFF. Enquête judiciaire sur l'assassinat de la famille impériale russe, 24 fr. SPIESS. Six ans de croisières en sous-marin, 18 fr. Cᵗ SPINDLER. Le Vaisseau fantôme, 18 fr. *Général* SPIRIDOVITCH. Les dernières années de la Cour de Tzarskoïe-Selo. 2 vol., 80 fr. TARDIEU. La Paix, 15 fr. Cᵗ THOMAZI. La Marine française dans la guerre (1914-1918), 4 vol., 84 fr. *Amiral* TIRPITZ. Mémoires, 30 fr. TRANIN. Les Rouliers de la mer, 15 fr. VERMEIL. Les origines de la guerre, 24 fr. *Baron* WERKMANN. Le calvaire d'un Empereur, 18 fr. *Maréchal* WILSON Journal de guerre, 40 fr. H. W. WILSON. Les flottes de guerre au combat. T. I. 32 fr.; T. II. 36 fr. *Prince* WINDISCHGRÆTZ. Mémoires, 15 fr. Cᵗ WITSCHETZKY. Le Navire Noir, 18 fr. WOLFF. Le Prélude, 24 fr. YOUNG. A bord des croiseurs de bataille, 15 fr.

IMP. GROU-RADENEZ 11, RUE DE SÈVRES, PARIS. 37038 — 10-30

9 782329 341330